LA CUBA DE TODOS LOS DÍAS PARA LOS NO CUBANOS: MÁS ALLÁ DEL CLICHÉ DEL RESORT

Una perspectiva sobre la sociedad contemporánea de Cuba, sus luchas y sus oportunidades de crecimiento económico

Araz Jahani

Traducido Por: Keymer Roa

La información contenida en este libro se basa en la opinión personal, la experiencia y la investigación del Autor, y es independiente de la financiación o la influencia de cualquier país o entidades políticas, religiosas o de presión.

A pesar de que el autor y la editorial han hecho un gran esfuerzo para garantizar que la información contenida en este libro fuera correcta en el momento de su publicación, ninguna de las partes asume responsabilidad alguna por las incoherencias, inexactitudes, interpretaciones diferentes, omisiones o errores que puedan estar presentes en este libro. El autor y el editor renuncian a cualquier daño, pérdida o perturbación a cualquier parte causada por tales errores, inconsistencias u omisiones, independientemente de que sean resultado de un accidente, negligencia o cualquier otra causa. Cualquier referencia negativa que se perciba a cualquier persona, país u organización es involuntaria.

Algunos nombres y detalles de identificación han sido cambiados para proteger la privacidad de las personas mencionadas en este trabajo.

Publicado por: Trulysis Publishing Inc.
6428 Yonge Street, PO Box 69565
Toronto, ON, Canada, M2M-4K3
www.Trulysis.com
www.EverydayCubaforNonCubans.com/

ISBN: 978-1-7773052-5-3 (Paperback)

Diseño de portadas y mapas: Snir Alayof

DEDICATION

This book is dedicated to my family, especially to my Father, Mother and Brother, for their continued support, for encouraging me to think outside the box and stick to my beliefs.

Además, este libro está dedicado a la isla mágica y al pueblo valiente, hermano y orgulloso de Cuba, que me ha aceptado con el corazón puro y los brazos abiertos. También se lo dedico a los guajiros dichosos que luchan todos los días con su sudor para mejorar su país. Una dedicación especial a los orgullosos holguineros que me abrieron los ojos, me enseñaron todo sobre la historia cubana y me mostraron todo sobre esta isla mágica.

Hasta la verdad siempre…

ÍNDICE

"La verdad, una vez despierta, no vuelve a dormirse".

José Martí

PRÓLOGO

Mi primer viaje a Cuba tuvo lugar en 2004. Desde entonces, he vuelto varias veces y he conocido a innumerables viajeros que hacen infinitas suposiciones sobre cómo es la verdadera vida cubana fuera de los complejos turísticos.

Los viajeros hacen suposiciones sobre la realidad de Cuba basándose en sus breves charlas con los empleados de los resorts, en las conversaciones con los guías turísticos o en sus interacciones ocasionales con los lugareños fuera de las zonas turísticas. Las interacciones con los lugareños sólo son posibles en La Habana y Varadero, y esto suele ser lo más cercano a la verdad para los turistas, ya que estos dos lugares se encuentran en la parte continental de Cuba. Otros lugares, como los complejos turísticos de Guardalavaca, están a unos 60 km en taxi de la ciudad más cercana, Holguín. Del mismo modo, Cayo Coco está a unos 60 km de la ciudad de Morón. Por si fuera poco, Cayo Santa María está a más de 100 km de la ciudad de Santa Clara. Como resultado, los turistas no ven mucho la verdadera Cuba y, si lo hacen, no tienen la oportunidad de experimentarla y absorberla.

Esto es lo que me motivó a escribir este libro. Quería

proporcionar a cualquier persona interesada en Cuba, incluidos los viajeros, información real sobre la realidad actual que vive el pueblo cubano, no sólo de forma descriptiva, sino abordando las causas fundamentales de dicha realidad. Para poder ofrecer una comprensión adecuada de la Cuba contemporánea, decidí no arrojar simplemente al lector al fuego, sino ofrecer una introducción a la historia de Cuba que proporcione algunas perspectivas en torno al estado de las cosas y la vida de la gente.

Más allá de analizar simplemente las causas fundamentales de la situación económica en Cuba, también analizo las posibles oportunidades de crecimiento económico basadas en mis conocimientos, investigaciones y experiencias personales viajando por el país y conociendo a su gente.

Este libro pretende informar al lector sobre la realidad que viven los ciudadanos cubanos cada día, dotándoles de las herramientas y conocimientos necesarios para sacar conclusiones fundamentadas. La intención es dar a los lectores un 20% de conocimiento para que puedan hacer un 80% de sus suposiciones con mayor precisión. Y lo que es más importante, este libro pretende preparar a todo viajero o a cualquier persona interesada en conocer más sobre Cuba para que comprenda las realidades del país y establezca las expectativas correctas sobre las carencias económicas que se enmascaran en los muros de los complejos turísticos.

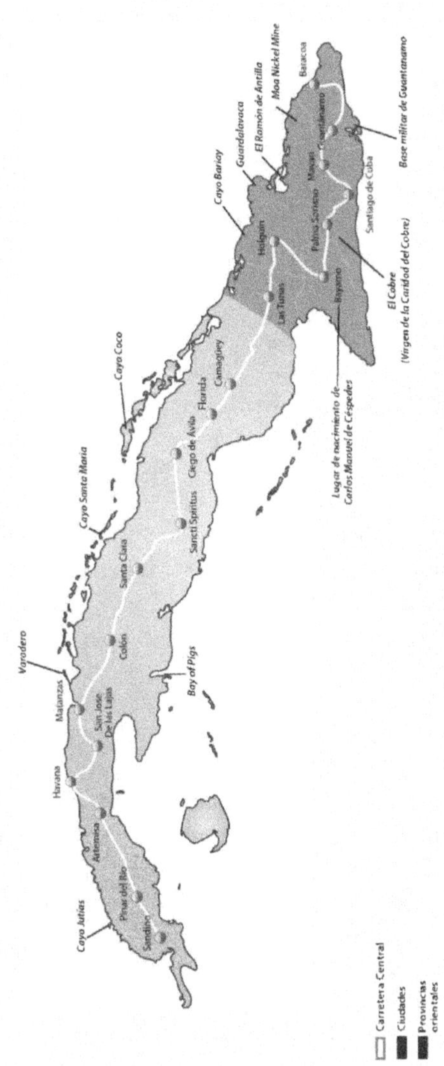

Figura 1. Mapa de Cuba.

CAPÍTULO I: MI PRIMERA VEZ EN LA MÁGICA ISLA

Era una lúgubre y lluviosa mañana de verano en Toronto, Canadá. La madre naturaleza no se sentía muy complaciente, debido a las fuertes tormentas y las inundaciones repentinas. Mis amigos y yo llegábamos tarde para tomar el vuelo de las 6 de la mañana del aeropuerto internacional Pearson de Toronto. El verano se nos fue de las manos, y fue un buen momento para huir de las inclemencias del tiempo, ya que no pudimos bañarnos en los lagos, ni ir de acampada, ni participar en otras divertidas actividades idiosincrásicas canadienses a las que normalmente nos dedicábamos. Fuera de Estados Unidos y Canadá, estas iban a ser mis primeras vacaciones reales en el extranjero. Teniendo en cuenta que acababa de recibir la convocatoria de un programa de ingeniería de cuatro años inmensamente riguroso y, a veces, intratable, este viaje era muy esperado. El carro se acercaba al aeropuerto. Aunque la persistente lluvia me hacía feliz por estar escapando, no sabía qué esperar al llegar a mi destino.

A las pocas horas de vuelo, miré por la ventanilla del avión y me di cuenta de que estábamos sobre los Cayos de Florida. Los rayos del sol se reflejaban a través de las pequeñas olas de un océano en calma, y el aire parecía un vaso de cristal sin impurezas. La vista manifestaba una sensación de calma, de profunda relajación, una sensación de que nada importaba en la vida excepto esta belleza infinita. La vista infundía libertad de todos los problemas que ocupaban mi mente. Sentí euforia cuando los rayos del sol penetraron por la ventanilla en el avión. Ya no había nubes sombrías, ni lluvia, ni tormentas eléctricas. Esta calma me hizo dormir.

Al aterrizar, me desperté y sólo vi dos carteles que decían "Bienvenido al Aeropuerto Internacional Juan G. Gómez - Varadero", y un cartel que decía "Socialismo o Muerte". Estaba en Cuba.

Mis amigos y yo nos alojábamos en un complejo turístico recién construido en la pintoresca franja de playa de Varadero. En aquella época, sólo podíamos alojarnos en hoteles. Una vez que llegué al hotel, me reuní con mi hermano y sus amigos y, tras registrarme, me dirigí inmediatamente a la playa. Esperando una arena oscura y un agua fría, como estaba acostumbrado en Canadá, le pregunté a mi hermano qué tan fría estaba el agua. En un tono inexpresivo, respondió: "El agua está helada como en Wasaga Beach". Sin embargo, inmediatamente después de meter los pies en el agua me di cuenta de que su respuesta estaba lejos la verdad.

Era increíble. Estaba experimentando un jacuzzi natural, pero a orillas de un inmenso océano turquesa. Con la arena blanca y las palmeras en mi línea de visión, observé a joviales veraneantes y lugareños que disfrutaban bajo el cielo sin nubes. Por si fuera poco, un conjunto de peces de colores correteaba alrededor de mis pies. Pensé que estaba en el paraíso.

Mientras disfrutaba de mi nuevo entorno, mi curiosidad se disparó y empecé a preguntarme por qué todo el mundo parecía tan exuberante y por qué todo parecía tan utópico. Después de pasar un par de días en el hotel, mis amigos y yo decidimos explorar la ciudad de Varadero, tanto para ver los principales lugares de interés como para hablar con los cubanos locales y hacernos una idea de su sentimiento hacia su patria.

Mientras paseábamos por Varadero, conocimos a cubanos que trabajaban sobre todo en restaurantes y bares. La mayoría de las personas que trabajaban en Varadero solían ser de las ciudades cercanas no turísticas de Cárdenas, Santa Marta o Matanzas. Me entusiasmaba escuchar historias sobre cómo era realmente la vida fuera del balneario.

Conocí a Juan, un joven estudiante de ingeniería mecánica de la Universidad de Matanzas que trabajaba como camarero en un restaurante cercano. Había terminado el segundo año de su programa de ingeniería, y durante sus vacaciones de verano decidió aceptar un nuevo trabajo para ganar algo de dinero extra. Era una persona muy humilde, de buen corazón y a la vez tímida, y creo que parte de su timidez se debía a que hacía poco que había empezado a aprender inglés y no tenía confianza en sus nuevas habilidades lingüísticas. Me dijo que le encantaba estudiar ingeniería mecánica y que, como parte de su trabajo escolar, había realizado proyectos interesantes con aplicaciones en el mundo real. Sin embargo, me dijo que se estaba planteando no continuar sus estudios y cambiarlos por los de turismo para poder trabajar en hoteles. Sus razones eran que no preveía una carrera de ingeniería mecánica que le permitiera trabajar en el campo específico que le interesaba. Sus dudas a la hora de continuar sus estudios se debían a que no existían empresas estatales especializadas en el sector aeroespacial. Juan dijo que no creía que una carrera de ingeniería mecánica le permitiera ganar suficiente dinero para mantener a su familia, y que cambiar a turismo le permitiría trabajar en los hoteles y ganar dinero con las propinas.

Cuando terminé mi conversación con Juan y salí del restaurante, mis amigos y yo empezamos a caminar por la calle principal de Varadero (Avenida 1ra). Mientras caminábamos, se nos acercaron dos jóvenes que iniciaron la conversación con: "Hola amigo", e inmediatamente después: "¿De dónde eres?". Estos dos jóvenes eran de la ciudad de Cárdenas y querían vendernos cigarros cubanos. Intentaban asegurar a uno de mis amigos, que era fumador, que lo que intentaban vender no eran hojas de plátano enrolladas, sino auténticos puros cubanos. Aunque en nuestro grupo de amigos sólo había un fumador, no acabó comprando nada a los jóvenes. En cambio, les invitamos a tomar una copa con nosotros y a seguir charlando. Al final se sinceraron y nos contaron que la madre de uno de los jóvenes trabajaba en la fábrica de puros y que se llevaba las cajas de puros con los sellos de garantía oficiales. Estos dos chicos llevaban luego la mercancía a Varadero para venderla a los turistas en las calles, pero tenían que ser cautelosos para no llamar la atención de las autoridades. Mencionaron que el dinero de la venta de los cigarros les ayudaba a poner comida en la mesa y a ahorrar, poco a poco, para comprar un calentador de agua eléctrico para su ducha. Me contaron que en Cuba la mayoría de las casas no tienen agua caliente y que casi todo el mundo se ducha con agua fría. Si querían usar agua caliente, normalmente tenían que hervirla en una olla grande y mezclarla con agua fría, y luego verterla sobre su cuerpo.

Después de nuestras conversaciones con estos dos jóvenes, nos dirigimos al mercado de artesanos y conocí a Miguel, que es una de las personas con más talento que he conocido. Era un verdadero artista que tallaba estatuas de madera con una increíble atención al detalle. Miguel y su hijo trabajaban juntos tallando estatuas de madera y ganaban dinero vendiendo su talento artístico. Miguel mencionó que la mitad de su familia, incluidas sus dos hijas mayores, vivía en el sur de Florida. Cuando le pregunté si quería irse a vivir a Estados Unidos, me dijo que no quería salir nunca de Cuba, pero que le encantaría visitar Estados Unidos algún día. Me dijo que había establecido su vida en Varadero, y que con los ingresos de su venta de arte más las remesas ocasionales enviadas por sus hijas, tenía una vida mejor y más relajada allí que la que podría haber tenido si hubiera optado por trasladarse a EE.UU. Admiré el trabajo de Miguel e inmediatamente me convertí en su cliente al comprar una estatua de una mujer afrocubana (mulata) que todavía conservo.

Cuando volvimos a nuestro hotel, nuestro amable socorrista, siempre sonriente, nos saludó junto a la piscina. Sus historias eran siempre interesantes. Nos contaba las dificultades que tenía para alimentar a su familia, y vendía lo que podía a los turistas para poder mantenerlos. Nos contaba que quería salir del país en una balsa y llevar a sus amigos, ya que cada uno de ellos añadía valor al viaje. Él, como socorrista, podría nadar, mientras que sus otros amigos eran marineros y podrían dirigir la balsa hasta los EE.UU. Sin embargo, mencionó que había dejado sus planes en suspenso porque algunos de sus amigos que ya habían partido hacia los EE.UU. no lo consiguieron y, según él, murieron de deshidratación o fueron atacados por tiburones. En el momento de mis conversaciones con nuestro socorrista, en 2004, debido a la política de "pies mojados, pies secos" de EE.UU., muchos cubanos arriesgaban sus vidas en el cruce del Estrecho de Florida. Esta política fue posteriormente descontinuada en 2017 por el presidente Obama. Sin embargo, la interrupción de esta política no hizo que las balsas dejaran de ir a Estados Unidos, pero el número se ha reducido desde entonces. Tres años después de conocer a nuestro feliz amigo socorrista, nos dijeron que conoció a una mujer italiana en el complejo, se casó y se mudó a Italia.

En el hotel también conocí a un diplomático cubano que había viajado por todo el mundo. Él y su familia se alojaban allí en una época (en 2004) en la que ni siquiera se permitía a los cubanos entrar en los hoteles. Sin embargo, creo que estaba siendo recompensado por su contribución y servicio al Estado. Disfruté escuchando sus relatos de viajes sobre su época de estudiante en la antigua URSS, y su labor diplomática en varios países africanos y europeos.

Charlamos sobre diversos temas como el sistema médico, la sociedad y la economía de Cuba, a pesar de que mis conocimientos sobre estos temas eran entonces limitados. El señor era un orgulloso revolucionario que elogiaba a Cuba por su contribución positiva a los cubanos en materia de medicina, así como de educación y sanidad gratuitas.

Mi paseo por Varadero me permitió conocer a un grupo diverso de gente de Cuba de todas las profesiones y condiciones, lo que me proporcionó una visión holística de la vida en este paraíso recién descubierto. Esta visión holística estaba constituida por un 20% de hechos y un 80% de suposiciones que me había hecho sobre la vida fuera del balneario.

También conocí a bastantes turistas enamorados de Cuba, que no dudaban en volver a este paraíso. Estaba claro que no era el único que pensaba que este lugar era paradisíaco. Sin embargo, no sentía que tuviera suficiente conocimiento de cómo era realmente la vida aquí. Me preguntaba por qué los visitantes se enamoraban realmente de este lugar. ¿Era por los peces que se agitaban bajo sus pies y por el hecho de ver a la gente? ¿Fueron las palmeras y el ambiente relajado? ¿Qué hacía que Cuba fuera más atractiva que la República Dominicana, Hawai o las Bahamas, y por qué había más caras felices en las calles de Varadero, Matanzas y Holguín que en las de Toronto, Vancouver o Nueva York? Estas preguntas, aunque formuladas a la madura edad de 23 años, me han hecho volver a Cuba muchas veces para ampliar mi comprensión de la idiosincrasia social, cultural, económica y política subyacente en este país.

Ahora sé que los joviales transeúntes que observé desde mi vista en mi primer viaje eran en su mayoría turistas, que disfrutaban de las tranquilas y estéticas playas bajo el cielo despejado que parecía estar siempre presente. Algunos de ellos probablemente buscaron Cuba como destino de viaje porque estaban intrigados por un país tan cercano a las Américas con un sistema económico tan diferente, y porque querían experimentar algo fuera de los destinos normales. Otros, estoy seguro, querían intentar conocer a su pareja o hacer amistades duraderas en nombre de la aventura. En cierto modo, estas personas y yo éramos similares. Sin embargo, la mayoría de los turistas se mantenían en sus resorts y cócteles junto a la playa, limitándose a la versión paradisíaca de Cuba, con tiendas y restaurantes que mantenían el ambiente paradisíaco. Estos clientes nunca vieron el día a día de la Cuba no paradisíaca e infestada de turistas, por lo que, naturalmente, se perdieron la cultura única, la configuración institucional y el estilo de vida cubano subyacente, ya sea por elección o no.

Yo era diferente a los demás viajeros. A los pocos días de mi viaje, ya me sentía inmensamente curioso. Siempre tenía la sensación de que los hoteles actuaban como un escudo que me aislaba de lo que podía ocurrir si salía de la burbuja. ¿Qué había al otro lado? ¿Cómo podría conocer la vida en las ciudades y el campo cubanos, que son mucho menos transitados? Sin salir de los complejos turísticos, sin vivir como un lugareño y sin interactuar con los cubanos de la zona, me parecía que podría haber viajado a cualquier otro país del Caribe para disfrutar de la arena blanca, las palmeras y las vibraciones del "paraíso". Para visitar Cuba, necesitaba una comprensión y una perspectiva que sólo se obtienen al sumergirse en las interacciones con la gente de fuera de la burbuja destinada a mantener a los que buscan el paraíso dentro. Uno no puede definir la caja desde dentro, pero al salir de ella puede empezar a obtener una perspectiva precisa de la realidad.

Cada ser humano en esta tierra tiene una historia de vida única. Las personas son naturalmente propensas a los sesgos cognitivos y hacen suposiciones basadas en la información social que les ha sido transmitida a través de su red. Los seres humanos generalizan y no siempre tratan de entender el pensamiento de cada persona. Por ello, tomamos atajos mentales basados en los medios de comunicación, las conversaciones y demás. Las suposiciones se derivan de nuestros modelos mentales, que generalmente ayudan a nuestro cerebro a clasificar y simplificar la información. Nuestros modelos mentales suelen ser precisos la mayor parte del tiempo. Sin embargo, hay lagunas en todos los modelos mentales, y el 20% de estas lagunas suelen dar lugar al 80% de nuestros malentendidos y suposiciones que nos formamos sobre cualquier situación, o, en este caso, sobre un país y su gente. Como resultado, existe una brecha entre nuestras suposiciones y la realidad. Me recordé a mí mismo estas ideas cuando exploré Cuba y decidí deliberadamente no hacer suposiciones sobre la sociedad cubana, sus instituciones, sus normas sociales o los efectos de la revolución cubana y sus consecuencias socioculturales y socioeconómicas. Intenté tener una mentalidad más abierta para poder comprobarlo por mí mismo.

Recuerdo haber preguntado a varios turistas cuáles eran sus estereotipos de Cuba antes de visitarla, porque ciertamente yo tenía los míos antes de mi primera visita. Escuché de todo. Uno de ellos suponía que Cuba tenía un sistema sanitario gratuito que era uno de los más destacados del mundo. Otro dijo que pensaba que el sistema económico actual de Cuba había ayudado al desarrollo del capital humano. Algunos dijeron lo contrario. Otros dijeron que los cubanos tenían acceso a la vivienda gratuita. En cuanto a mí, había asumido que el gobierno garantizaría a su pueblo el acceso a las necesidades básicas, incluidos los alimentos orgánicos frescos, la ropa y el transporte, basándome en el sistema político con el que sabía que funcionaba Cuba. Además, pensé que su estructura política podría haber creado un nivel de pensamiento diferente que ayudara a impulsar las actividades culturales y a reducir el estrés de los cubanos. Sabiendo que la gente suele generalizar, decidí buscar una comprensión más profunda de la cultura cubana, en un intento de validar o invalidar cualquiera de mis nociones preconcebidas. Intenté visitar las calles y el campo y, como resultado, obtuve experiencias vitales inestimables y una gran cantidad de conocimientos.

Espero que las anécdotas y el análisis que surgieron de estas experiencias ayuden a retratar la verdadera Cuba. Mi objetivo es que los lectores comprendan la cultura cubana, los retos económicos a los que se enfrenta y, lo que es más importante, que exploren el qué y el por qué de la forma actual de Cuba. Sólo viendo primero el qué de Cuba podemos empezar a profundizar en el por qué. Comenzará a tener sentido por qué, a pesar de que Cuba tiene su parte justa de problemas económicos y sociales, hay un increíble encaprichamiento con ella.

¡Vamos!

CAPÍTULO II: DIFERENCIAS DE ESTILO DE VIDA ENTRE AMÉRICA DEL NORTE Y CUBA

No hay nada como la euforia que produce estar en un entorno tropical con el sol abrasador, la arena blanca, el agua turquesa y el sonido tranquilizador de la brisa marina. Es la razón por la que, desde mi primer viaje a Cuba, he ampliado mis viajes a la República Dominicana, a la parte caribeña de México, a los Cayos de Florida y a otras partes del Caribe. Mis visitas no sólo estaban motivadas por la meditación, el yoga, las caminatas, los rituales de estado de plenitud o incluso la belleza natural, sino también por la cultura optimista, genuina y exultante que seguía atrayéndome a esa parte del mundo. Cuando empecé a trabajar como ingeniero y tuve más dinero para viajar, decidí ir al Caribe al menos una vez al año. Mis viajes solían producirse durante las fiestas de fin de año, principalmente a Cuba, porque era la opción más económica para tomar el sol y huir de los habituales 20 cm de nieve y las gélidas temperaturas que albergaba Toronto. Gracias a mis frecuentes visitas, pude viajar a Cuba y alojarme en varios complejos turísticos en diferentes partes del país. Viajé a todas las ciudades del oeste de Cuba, como Pinar del Río, así como a la parte más oriental de Cuba, las provincias de Holguín y Santiago de Cuba. Al principio, Varadero era mi lugar favorito por su ambiente de fiesta y su proximidad a La Habana.

Aunque por aquel entonces tenía pocos días de vacaciones con mi empresa, la frecuencia de estos viajes aumentó gradualmente cuando empecé a trabajar para BlackBerry durante sus años de rápido crecimiento. Esto también significaba que mis viajes no eran sólo por motivos personales, sino más bien por negocios, ya que el uso del BlackBerry Messenger (BBM) estaba en auge en América Latina, y las ventas de BlackBerry estaban aumentando considerablemente. BlackBerry había establecido un equipo totalmente dedicado a supervisar las operaciones en América Latina mediante la creación de las oficinas centrales de BlackBerry en el sur de Florida y, como joven director de proyectos, tuve el privilegio de viajar a la zona de Fort Lauderdale/Miami casi todos los meses. El puesto de Gerente de América Latina fue un papel que acepté para estar expuesto a una región cuya cultura y gente despertaba mi curiosidad.

Como único miembro no latino de la oficina de proyectos en el sur de Florida, al principio me sentí fuera de lugar por mi incapacidad para hablar español. Gracias a una combinación de clases de español, reuniones con hispanohablantes y frecuentes viajes a Latinoamérica, conseguí aprender el idioma.

El punto álgido de mis esfuerzos por aprender español tuvo lugar en Bogotá, Colombia. Recuerdo estar en la famosa cafetería "Juan Valdez Café" al día siguiente de llegar a Bogotá y estar en una larga fila de gente esperando para tomar su desayuno y café de la mañana. La cajera pedía los pedidos a los clientes, pero con acentos y palabras diferentes a las que me enseñaron en mis clases de español en Canadá. Parecía que nadie hablaba una palabra de inglés, lo cual, hay que reconocerlo, me ponía nervioso. Me moría de hambre y necesitaba mi café de la mañana y no quería echarme atrás, a pesar de estar nervioso por probar mi español por primera vez fuera de un entorno formal de clase.

Cuando llegó mi turno, miré hacia atrás y vi la larga cola que había detrás de mí, y me pareció que todo el mundo me estaba mirando. Me apresuré a recordar que había estudiado español durante un año, lo que alivió un poco el nerviosismo. Me dirigí con: "¿Puedo pedir un espresso con arepita con queso por favor?". El viaje había comenzado.

Por supuesto, tenía que hablar con todo el mundo en español, desde pedir taxis hasta ir a la lavandería y lavar la ropa o comprar en el supermercado. Una de las anécdotas más memorables es la de mis habilidades de regateo al comprar un recuerdo para mi madre. El comerciante local al que le compraba el recuerdo era uno de los muchos que hay cerca de la famosa iglesia de Monserrate en Bogotá. En ese momento, regateaba con confianza y creía que estaba haciendo un gran negocio con mis compras. Sin embargo, resultó que había pagado bastante más de lo que debía porque me había confundido al contar. Estar en Bogotá me permitió aprender de estas experiencias y me expuso al idioma de primera mano en un entorno que no era el de las aulas. Al verme obligado a hablar español, aprendí rápidamente que la mejor manera de aprender un idioma es lanzarse a él, y en mi situación, perdí rápidamente el miedo a hablarlo.

Además del trabajo, estaba en Bogotá porque quería encontrarme con una antigua compañera de trabajo, una chica colombiana inteligente, guapa y extrovertida de Pasto que residía en una zona de lujo y estética de Bogotá. Ella aceleró mis conocimientos de español lanzándome al vacío, eligiendo continuamente hablarme sólo en español. Sin embargo, no sólo aprendí el idioma español de ella. Aprendí de los aspectos positivos de su personalidad y de su visión de la vida. Era una persona alegre, cálida y extrovertida, y no tenía miedo de compartir conmigo detalles de su vida personal, a pesar de que no nos conocíamos muy bien en ese momento. Su personalidad y su enfoque de la vida contrastaban con lo que había observado en las grandes ciudades norteamericanas, como Toronto o Nueva York, donde la gente tiende a ser reservada y no suele confiar en los demás de inmediato. Esta personalidad cálida y amistosa fue el comienzo de un patrón que empecé a notar en la mayoría de los países latinoamericanos. Recuerdo haber estado en un ascensor con un desconocido y, al salir, me dijo: "Que tengas un buen día". Después de observar la personalidad de mi amigo y de encontrarme con situaciones con extraños como la del ascensor, empecé a preguntarme, ¿por qué esta gente parece más abierta en comparación con la gente de Norteamérica? ¿Es su forma de ver la vida? ¿Ser feliz es una elección o tiene más que ver con el cableado intrínseco de una persona?

Avancemos unos años y, tras la caída de BlackBerry y la pérdida de su popularidad debido a la creciente competencia de los teléfonos basados en iPhone/iOS y Android de Apple, me despidieron de la empresa que amaba. Cuando esto sucedió, mi enfoque del mundo corporativo cambió. Empecé a pensar que la permanencia en una empresa no importaba, ni tampoco las relaciones laborales en las que uno invertía tanto tiempo y energía a lo largo de los años. Las hojas de trabajo y las horas invertidas más allá de lo que se esperaba para ascender en la escala corporativa no significaban tanto para mí como había pensado anteriormente. Tuve una especie de cambio de paradigma en mi forma de pensar, en el sentido de que empecé a enfocar la vida con más libertad y me centré más en la felicidad y el equilibrio.

Al final, lo que más importa es el tiempo con la familia y los amigos. El trabajo era a menudo una excusa para perderse eventos vitales clave. Muchas personas, a lo largo de los años en los que trabajé en Blackberry, perdieron a su pareja y sus relaciones por la falta de equilibrio entre el trabajo y la vida privada. Tras mi paso por BlackBerry, sentí que había adquirido una buena experiencia laboral, pero que había perdido mucho en el proceso. No quería volver a cometer ese error. Recuerdo haber echado cuentas sobre el número de horas que pasaba en el trabajo frente al beneficio neto para mí y mi familia, y preguntarme por qué no había tenido este cambio antes.

El despido fue una bendición disfrazada, y esta inesperada transformación de la vida me llevó a trabajar como consultor independiente en lugar de como empleado a tiempo completo. Había decidido seguir la carrera de consultor independiente para tener más libertad financiera, pero también para tener la opción de poder viajar cuando quisiera y pasar más tiempo con mi familia y amigos.

En una sociedad como la cubana, debido a su diferente sistema económico, el estilo de vida "trabajar para vivir" crea y alimenta un sistema de valores diferente en las personas. Al referirme a un estilo de vida de "trabajar para vivir" en Cuba, no estoy insinuando que la gente esté bien económicamente según los estándares norteamericanos. Al contrario, este no es el caso en Cuba, dadas las duras condiciones económicas que el pueblo cubano ha soportado a lo largo de los años. Sorprendentemente, teniendo en cuenta las difíciles condiciones de vida, la inestabilidad financiera, la escasez de alimentos y productos básicos, la falta de infraestructuras adecuadas y muchos otros problemas, la gente sigue adelante con su vida y parece sacar el máximo provecho de ella. En promedio, tienen más tiempo para pasar con sus familias y más tiempo para interactuar con sus vecinos. Una suposición común de algunos turistas es que los cubanos parecen estar en promedio más contentos con lo que tienen que una persona promedio de Norteamérica, a pesar de las difíciles condiciones de vida de los cubanos en comparación con las de Norteamérica. Es posible que el menor estrés en el lugar de trabajo, la limitación de la política y la ausencia de la carrera de ratas norteamericana orientada a ascender en la escala empresarial sean factores que intervienen.

Uno puede pensar que el sistema económico socialista sienta las bases de un estilo de vida de "trabajar para vivir".

Otros pueden argumentar que en un estado comunista no hay incentivos para la competencia. En consecuencia, no hay estímulo y mejora económica y, por lo tanto, los cubanos no necesitan trabajar tanto como los norteamericanos, lo que les permite tener más tiempo para dedicarse a otros aspectos de la vida. Otros pueden estar en desacuerdo y opinar que Cuba promueve la competencia, específicamente en los campos de las artes, el ballet y los deportes. Para analizar la Cuba de hoy, tenemos que entender la sociedad cubana, y para entender la sociedad cubana, primero tenemos que explorar la historia cubana a lo largo de los años para ver cómo llegó a donde está hoy. Me centraré menos en los acontecimientos que rodean la revolución de 1959, ya que la mayoría de la gente está familiarizada con eso. En su lugar, me remontaré a cuando Cristóbal Colón descubrió América por primera vez al pisar la Bahía de Bariay, en la provincia de Holguín, Cuba.

CAPÍTULO III: LA LUCHA POR LA INDEPENDENCIA

"No hay hombre sin Patria ni Patria sin Libertad".

José Martí

La mejor manera de entender el presente es estudiar el pasado. Para entender el funcionamiento actual de Cuba hay que remontarse a algunos de los momentos clave de su historia. Esto incluye la llegada de los españoles al Nuevo Mundo y su posterior dominio y control de los negocios del azúcar y el tabaco, por no hablar de la horrenda esclavización de las poblaciones indígenas a través de la cual crearon un entorno de tiranía, desigualdad y abuso. Esto condujo a siglos de injusticias y presiones externas que limitaron la autonomía e impidieron a Cuba determinar su propio futuro. La población se dividió en una Alta Burguesía que controlaba la riqueza y se concentraba en la parte occidental, y el resto de la población que luchaba por alimentar a sus familias. Esto condujo a otro momento clave, el movimiento independentista cubano que culminó con la guerra hispano-estadounidense de 1898, cuando las fuerzas estadounidenses intervinieron, permitiendo a la isla asegurar su independencia de España. Finalmente, un último momento clave en la historia de Cuba es la Revolución de 1959, tras el régimen dictatorial de Batista, que se caracterizó por la falta de igualdad y oportunidades, y el aumento de la considerable brecha en la distribución de la riqueza en todo el país.

El descubrimiento del continente americano, y el de Cuba como uno de los primeros lugares de América, fue un punto de inflexión en la historia de la humanidad. El Nuevo Mundo ofreció oportunidades de las que el Viejo Mundo se beneficiaría durante siglos. También trajo consigo tormentos humanos, catástrofes, esclavitud e injusticia.

Todo comenzó cuando Cristóbal Colón desembarcó en Cayo Bariay, en la provincia de Holguín, Cuba. El domingo 28 de octubre de 1492, cuando Colón desembarcó en la bahía de Bariay, dijo que Cuba era "la tierra más hermosa que ojos humanos han visto" (Oppmann, 2019). En ese momento, la población nativa de Cuba, los taínos y los siboneyes, cultivaban la tierra para producir tabaco, yuca, cacahuetes y batatas, además de pescar. Los españoles, o conquistadores, trajeron enfermedades como la viruela y el sarampión, que provocaron la muerte de muchos taínos (Baker, 2019). En esta época, los españoles procedieron a esclavizar, matar y trabajar hasta la muerte a muchos de los taínos. Como resultado, prácticamente toda la población indígena fue aniquilada.

Como el tabaco tenía una gran demanda y se había convertido en uno de los principales productos de exportación del nuevo mundo, los conquistadores esclavizaron a los indígenas, obligándoles a trabajar en los campos de tabaco y cosechando los frutos de su trabajo gratuito. Los españoles cargaron sus barcos con todos los tesoros de Latinoamérica, como oro, plata, piedras preciosas y especias, y se reunieron en el estratégico puerto de La Habana antes de regresar a España. Junto a ellos, los españoles cargaron también el preciado tabaco y el azúcar, producidos con el sudor de los taínos, y emprendieron el viaje de regreso a su patria. Así, La Habana, por su posición estratégica, se convirtió en el eje comercial del Caribe (Schneider, 2018).

Gran parte de la población local de esclavos acabó desapareciendo porque se les hizo trabajar hasta la muerte o murieron a causa de las enfermedades. Como resultado, para mantener la producción y los beneficios de la mano de obra gratuita, los españoles optaron por importar esclavos de África. Con la importación de esclavos de África, que acabaron superando en número a los españoles en Cuba, los conquistadores tuvieron ahora la posibilidad de dirigir sus lucrativos negocios del tabaco y el azúcar (Ted A. Henken, 2013).

Los esclavos de África no sólo aportaron sus habilidades para trabajar en las granjas, sino también sus creencias culturales y religiosas. Los españoles solían verlas como una amenaza para el catolicismo y para las prácticas culturales españolas dominantes que imponían. A pesar de las presiones de los españoles, los esclavos africanos consiguieron preservar sus prácticas culturales, lo que dio lugar al nacimiento de una cultura y un conjunto de creencias afrocubanas únicas. Los detalles de la cultura afrocubana y su religión, la santería, se explican con más detalle en el Apéndice I.

¿Por qué los españoles se centraron en el negocio del azúcar y cómo se produjo el auge de este negocio en Cuba?

Haití, por entonces una colonia francesa, era el principal exportador de azúcar. Sin embargo, los esclavos de Haití se rebelaron contra sus amos y se liberaron en 1804, cerrando las plantaciones de azúcar (Dubois, marzo de 2004). Este acontecimiento hizo que los propietarios de las plantaciones de Haití se dirigieran a Cuba para restablecer sus negocios allí. Los españoles, que gobernaban Cuba en ese momento, acogieron con agrado esta expansión en el negocio del azúcar porque suponía una nueva fuente de ingresos. A pesar de que habían robado sistemáticamente los tesoros de América Latina, los españoles continuaron con sus fuertes impuestos y la explotación de Cuba para hacer avanzar su rezagada economía en casa.

El negocio del azúcar dividió a Cuba prácticamente en dos partes: la parte occidental más rica de Cuba, con La Habana en el centro, que disfrutaba de los beneficios del negocio del azúcar, y la región oriental, donde la producción y el cultivo de la caña de azúcar alimentaban las ganancias obtenidas por los propietarios de la parte occidental (Schneider, 2018).

Se puede pensar que la misma rebelión que se produjo en Haití pudo haber ocurrido también en Cuba debido al horrible trato que recibían los esclavos. Este fue el caso, pero el levantamiento no comenzó con los esclavos reales. Por el contrario, comenzó con un propietario de un negocio azucarero que estaba cansado de pagar impuestos excesivos, de lidiar con la corrupción y de la privación de la libertad religiosa en Cuba (Foner, 1963). Este empresario azucarero liberó a todos sus esclavos y les dijo que se rebelaran contra los españoles. Este hombre valiente se llamaba Carlos Manuel de Céspedes, y es el Céspedes que acabó declarando a Cuba como nación independiente y formó un ejército con sus esclavos recién liberados para ir a la guerra contra los españoles. Los rebeldes, bajo el liderazgo de Carlos Manuel de Céspedes, consiguieron ganar el este de Cuba. Los españoles temían que los rebeldes se acercaran a la parte occidental, por lo que intentaron aislar el oeste del este concentrando el ejército español en el centro de Cuba. Desgraciadamente, en una de las batallas, Carlos Manuel de Céspedes fue asesinado, y su ejército de rebeldes no pudo ganar la guerra contra los españoles. Posteriormente, los españoles hicieron reformas para aliviar la tensión y mejorar las condiciones laborales. Sin embargo, muchos de los rebeldes fueron ejecutados y algunos huyeron del país, sobre todo a Estados Unidos. Los españoles pusieron a los rebeldes restantes en campos de trabajo, y en estos campos, la vida de los rebeldes era, a falta de una palabra mejor, miserable.

Los rebeldes cubanos de aquella época estaban formados por varias facciones dirigidas principalmente por cuatro hombres: Máximo Gómez, Antonio Maceo, Calixto García y un joven poeta llamado José Martí. Martí es considerado un héroe cubano por unificar a todos los líderes rebeldes y planear la guerra contra los españoles para independizar a Cuba del dominio español. Martí también fue un poeta famoso, no sólo en Cuba sino en todo el mundo de habla hispana en el siglo XIX. Fue uno de los rebeldes que fue puesto en los campos de trabajo por los españoles y que luego residió en los Estados Unidos, quien, junto con Máximo Gómez y Antonio Maceo, planeó "La Guerra de la Independencia" contra los españoles en 1868 (Mauricio Augusto Font, 2006).

En mi opinión, Martí no sólo fue un filósofo, un poeta y un héroe cubano, sino que demostró una profunda y formidable experiencia en estrategia empresarial al darse cuenta de que la guerra necesitaba dinero si quería tener éxito. Por lo tanto, él y su equipo decidieron dirigirse a los cubanos exiliados en Florida (principalmente en la zona de Tampa y Cayo Hueso) para recaudar fondos para su guerra. Utilizaron el dinero para financiar la guerra inicialmente comprando armas y enviándolas a Cuba para armar a la gente sobre el terreno. Una vez que el pueblo estaba armado, José Martí y sus barcos empezaron a zarpar desde Estados Unidos hacia el este de Cuba.

En consecuencia, la guerra de independencia comenzó en el este, cerca de la ciudad de Baracoa en la provincia de Guantánamo. Curiosamente, algunos de los ricos terratenientes habían ofrecido sus esclavos para participar en la lucha por la independencia. Antes de la guerra, Martí y su equipo habían redactado el Manifiesto de Montecristi, en el que se describía cómo debía desarrollarse la guerra. Uno de los principales principios de este Manifiesto era que tanto los negros como los blancos debían participar en la lucha por la independencia.

Por desgracia, Martí fue martirizado en una batalla contra el ejército español. Sin embargo, su martirio dio esperanzas a los rebeldes existentes y los llevó a luchar con más fuerza, reagruparse más rápido y conseguir más reclutas para luchar contra los españoles. Los nuevos reclutas solían ser gente de las zonas rurales del este de Cuba. El ejército español estaba perdiendo la batalla, y su control sobre las tierras del este de Cuba.

La mayoría de los rebeldes vivían con la población normal en el campo, y como resultado, el ejército español no podía identificar a los rebeldes de la población normal, ofreciéndoles una gran ventaja. Para superar este problema, el jefe del ejército español en Cuba, el general Valeriano Weyler, decidió separar a los llamados buenos de los malos (los rebeldes). La estrategia de Weyler fue forzar a los llamados buenos campesinos a las ciudades cubanas con la esperanza de dejar a los rebeldes en el campo. En otras palabras, Weyler creó campos de concentración de campesinos y aldeanos en las ciudades que no sólo provocaron la superpoblación sino también el hambre (Cuba: Una nueva historia, 2005). El rápido descenso de la producción de alimentos provocó el colapso de la economía. Como resultado de la alta tasa de mortalidad en los campos de concentración, la Necrópolis de Cristóbal Colón no tenía espacio suficiente para albergar el elevado número de nuevos muertos. En consecuencia, las familias que ya tenían enterrados a sus muertos tenían que pagar una cuota de mantenimiento de 10 dólares cada cinco años. Las personas sin dinero que se vieron afectadas por la crisis económica tuvieron que aceptar el hecho de que sus muertos tuvieran que ser desenterrados. Dada la crisis económica y el hecho de que mucha gente no podía permitirse pagar 10 dólares para mantener a sus muertos enterrados, las tumbas se desenterraban y los cráneos y huesos de los muertos se tiraban a un lado y se apilaban, formando una enorme colina. Todavía existen fotos horribles de los "cementerios" en el Cementerio de Colón de La Habana que muestran un cementerio de cráneos y huesos humanos (Figura 2). En 1896, durante la horrible situación que Weyler había creado en Cuba, alrededor de 200.000 de los 1,9 millones de personas perdieron la vida (Lawrence, 2015).

Los periódicos estadounidenses publicaron fotos de la horrible situación en Cuba. Los periódicos se pusieron del lado de los revolucionarios y expusieron las atrocidades cometidas por los españoles. Esta toma de conciencia provocó llamamientos para que Estados Unidos interviniera en Cuba. Estados Unidos nunca intervino directamente, sino que envió uno de sus buques de guerra al puerto de La Habana para proteger los intereses y negocios estadounidenses. Este barco estadounidense (USS Maine ACR-1) fue posteriormente volado en pedazos en el puerto de La Habana. Este es el acontecimiento que hizo que Estados Unidos declarara la guerra a España en 1898 con el mandato de liberar a Cuba y ayudar a los cubanos a conseguir su independencia.

Figura 2. Cementerio de Colón de La Habana en 1899.

Como cuenta la historia, los estadounidenses ganaron la

guerra y ayudaron a Cuba a conseguir su independencia. Sin embargo, Cuba no llegó a ser totalmente independiente en ese momento, sino que fue considerada un protectorado de Estados Unidos. Durante la época del protectorado, muchas empresas estadounidenses habían ocupado una parte notable de la economía cubana. Además, el ejército estadounidense seguía presente en Cuba, una presencia que echaba por tierra cualquier sueño de independencia. El pueblo cubano tenía la visión de ser independiente y luchó duramente para lograr su independencia de España con la ayuda de los estadounidenses. Aun así, pasaron de ser una colonia de España a ser totalmente dependientes de EE.UU. El pueblo cubano sintió que salió de la sartén pero se metió en el fuego.

Si has estado en Cuba, habrás notado que los cubanos se refieren a los campesinos como guajiros. Aunque esta palabra se refiere al pueblo indígena Wayuu de la actual Colombia, la historia de esta palabra en Cuba se remonta a cuando los soldados estadounidenses ayudaron a los cubanos en su lucha contra los españoles. Los americanos solían llamar a los campesinos que luchaban contra los españoles "héroes de guerra" (War héroes). Con el tiempo, esta palabra cambió a guajiros, que quizás era una mala pronunciación de la frase "héroes de guerra". Para celebrar el triunfo de la guerra contra los españoles, cubanos y estadounidenses festejaron esta victoria con una bebida compuesta por Coca-Cola y ron. Los americanos trajeron la Coca-Cola a la isla, mientras que el ron se producía localmente a partir de la caña de azúcar. Simbólicamente, al unirse estadounidenses y cubanos para derrotar a los españoles, un producto de cada país se unió para crear una bebida refrescante llamada "Cuba Libre".

Para poner fin a la guerra y a la ocupación, EE.UU. y Cuba llegaron a un acuerdo para que Cuba pudiera alcanzar su independencia y, al mismo tiempo, permitir a EE.UU. proteger sus activos, propiedades y otros intereses. Este acuerdo, aprobado el 2 de marzo de 1901, es conocido como la Enmienda Platt. Un año después de la Enmienda Platt, y como parte del acuerdo de independencia, Cuba autorizó a EE.UU. a tener una base militar en Cuba, y de ahí que EE.UU. estableciera la base de Guantánamo, con un alquiler de 4.085 dólares al año. Este alquiler debía pagarse en realidad en monedas de oro de 2.000 dólares, pero la desvinculación del dólar estadounidense del patrón oro provocó esta discrepancia (Strauss, 2009).

La influencia de Estados Unidos en los asuntos públicos cubanos, así como en la economía cubana, continuó hasta el final de la presidencia de Fulgencio Batista en 1959. Durante la presidencia de Batista, la brecha entre los ricos y los pobres en Cuba había crecido enormemente; la mayor parte de la industria azucarera estaba controlada por intereses estadounidenses con una participación menor del pueblo cubano (excepto los ricos terratenientes azucareros). La Habana se había convertido en la capital del juego y la prostitución de América Latina.

En la "ciudad de la fiesta" del Caribe podía pasar de todo. Había burdeles y casinos por toda La Habana, junto con un fácil acceso a la cocaína y a cualquier otra droga que se pudiera imaginar. Las licencias de casinos y clubes nocturnos se concedían fácilmente si se tenía el dinero mínimo requerido para invertir. Sin embargo, el negocio de los burdeles y casinos estaba controlado principalmente por el crimen organizado estadounidense. Según algunos informes, Batista también se beneficiaba de los beneficios de algunas de estas operaciones (Capeci, 2004).

Las empresas privadas estadounidenses controlaban la mayor parte de la riqueza de Cuba, que incluía activos como minas, tierras y hoteles. Había una diferencia esclarecedora entre La Habana rica y el campo pobre, este último un lugar que no tenía agua corriente, donde la gente estaba atrapada en una deuda perpetua, en el desempleo, en el hambre y en la falta de acceso igualitario a la atención médica.

Un amigo cubano me contó una vez que durante la época de Batista, en la ciudad oriental de Las Tunas, sólo había un hospital destinado a dar servicio a los pueblos de alrededor. En otras palabras, si uno vivía en Las Parras (un pueblo cercano a Las Tunas), tenía que recorrer largas distancias hasta el municipio de Las Tunas solo para que lo revisara un médico. El principal problema de la época era que la gente no tenía dinero para viajar a Las Tunas ni para pagar las facturas médicas. Los servicios médicos, la educación y la vivienda no estaban al alcance de todos, y todo esto ocurría en una época en la que Cuba era considerada en gran medida como uno de los países más prósperos de América Latina. El capital de inversión y la circulación de dinero en la economía cubana habían aumentado el Producto Interior Bruto (PIB) de Cuba hasta un nivel igual al de algunos países europeos. Sin embargo, la brecha entre los ricos y los pobres era grande y muy evidente. Esta brecha se amplía a medida que se pasa de las provincias occidentales de Cuba a las orientales.

El desempleo, la pobreza, la injusticia social y la corrupción gubernamental eran generalizados, mientras que la riqueza del país era disfrutada por los círculos de Batista y los interesados extranjeros. Esto provocó el descontento del pueblo y la organización de levantamientos de estudiantes universitarios en La Habana y Santiago de Cuba. Batista hizo frente a los levantamientos asaltando las casas de los activistas, torturando y luego ejecutando a las facciones que estaban en contra de su gobierno. Las ejecuciones se realizaban a veces en público para crear miedo entre la población. Este ambiente de desigualdad y represión sembró la semilla del cambio, desencadenando una serie de acontecimientos que culminaron con la revolución cubana de 1959.

La revolución cubana tuvo repercusiones tanto nacionales como internacionales. Sin embargo, es importante pensar en las razones de la revolución, así como en su propósito. En otras palabras, ¿cuál fue la visión que se planteó como resultado de la revolución? ¿Cuáles eran los objetivos de la revolución? ¿Alcanzó sus objetivos de crear una mayor calidad de vida y una sociedad democrática para el pueblo cubano?

El pueblo cubano siempre ha anhelado su independencia y siempre ha buscado decidir sus asuntos. Para conseguir su libertad, los cubanos necesitaban gestionar las expectativas de todos y llegar a acuerdos con todas las partes interesadas, que en este caso eran los españoles y los estadounidenses. Además, gestionar las expectativas de las partes extranjeras interesadas implicaba agudizar sus habilidades políticas y buscar formas de sobrevivir. Cuba es una nación pequeña en comparación con España o Estados Unidos, y para seguir siendo independiente tuvo que aprender a negociar y jugar a la política con muchos países que estaban interesados en afectar a su independencia. En consecuencia, la supervivencia es una habilidad en la que los cubanos son muy hábiles.

Resumiendo la historia cubana es importante destacar que la Cuba de hoy es el resultado de lo que ocurrió en el pasado. La lucha por la independencia y los resultados de las buenas y malas decisiones influyeron en que este país sea como es hoy. Estos antecedentes históricos le ayudarán a enmarcar la revolución cubana. El pueblo cubano había estado bajo presión y había sufrido injusticias desde el momento en que Cristóbal Colón puso el pie en la isla. Sin embargo, resistieron la presión y lucharon por la independencia. Esperaban un futuro mejor entonces, y lo siguen haciendo hoy.

CAPÍTULO IV: *LA SOCIEDAD CUBANA DE HOY* – CUBAN SOCIETY TODAY

"Qué triste es recoger cosechas de espinas y amarguras, cuando se siembra abrigando la esperanza de recoger flores y aplausos".

Máximo Gómez

Cuba promete mucho como destino turístico. Hay un sonido omnipresente de gente bailando salsa, y alberga posiblemente las playas más exóticas del Caribe. Cuba también presume de tener las calles más seguras de América Latina, y gente bien educada. Los refrescantes Daiquiris, Piñas Coladas y los famosos Mojitos también ayudan. La gente local también es parte de lo que la hace prometedora, ya que son generalmente amables y serviciales. El hecho de que Cuba tenga una de las tasas de alfabetización más altas de América Latina significa que hay pocas barreras para entablar una conversación significativa con los lugareños sobre cualquier tema que desee. En resumen, Cuba tiene mucho que ofrecer al viajero que busca relajación y aventura por igual.

Tal vez la percepción del turista medio sea que en Cuba todo está disponible para los cubanos como para los turistas. La percepción del turista puede ser que, aunque el modo de vida es diferente, no está tan alejado de cómo funcionan las cosas en el resto del mundo. Para un turista medio que visita los lugares habituales, todas las necesidades parecen estar disponibles en las tiendas, los restaurantes, los hoteles y los bares, y los precios son relativamente bajos en comparación con los de Canadá y EE.UU. Por ejemplo, si se le acaba el champú, puede ir a una tienda de la ciudad y comprar un bote de champú importado por aproximadamente el mismo precio que pagaría normalmente en Toronto o Nueva York. Lo mismo ocurre con el cepillo de dientes, el desodorante y otros artículos de primera necesidad, con la única diferencia de que no encontrará la misma variedad que en las tiendas norteamericanas. Además, si quiere cocinar su comida en una Casa Particular (casas de alquiler autorizadas por el gobierno para los turistas), puede pagar el mismo precio que pagaría por el pollo o las verduras en su país. Curiosamente, la carne de vacuno está al borde de la ilegalidad en Cuba, pero se ofrece en los centros turísticos. Me explayaré sobre esto más adelante.

Los taxis son alrededor de un 50% más baratos en comparación con lo que se pagaría en las grandes ciudades de Norteamérica. Por ejemplo, en el momento de escribir este libro, en 2020, se podía tomar un taxi desde Pinar del Río (la parte más occidental de Cuba) hasta la ciudad de Baracoa (en el extremo oriental), que es una distancia de 1.150 km (o 714 millas) por sólo unos 650 CUC.[1] La distancia es aproximadamente la misma desde Washington D.C. hasta Miami, Florida, pero la misma tarifa en taxi o Uber en EE.UU. le costará más de 1.500 dólares. Como turista, uno podría esperar que el cubano medio tenga

[1] A partir del 1 de enero de 2021, Cuba comenzó a utilizar una sola moneda (el CUP, o moneda nacional) después de décadas de operar bajo un sistema de doble moneda que el gobierno consideraba más ventajoso para la economía cubana. Para mayor claridad en este libro, todas las referencias monetarias son aproximadas y en dólares estadounidenses.

acceso a todos los productos alimenticios esenciales y la posibilidad de comprar y llevar un estilo de vida un 50% más barato de lo que le costaría al norteamericano medio. Esa era también mi suposición, una suposición que resultó estar lejos de la verdad.

Cuba sigue una economía controlada y planificada por el Estado en la que el gobierno es el mayor propietario de empresas y el mayor empleador del país, siguiendo los pasos del modelo socioeconómico de la antigua Unión Soviética. Sin embargo, desde 2010, este modelo ha evolucionado drásticamente con respecto a su forma original y ha mejorado para permitir la propiedad privada, las licencias para las pequeñas empresas, una mayor autonomía de las empresas gubernamentales y muchas otras reformas que detallaré más adelante en el libro. Las consecuencias de la economía estatal han sido una estrecha franja de salarios fijos para los empleados. A continuación se muestran los salarios mensuales medios antes de la reunificación de las dos monedas (basados en múltiples fuentes en Cuba):

- Trabajador de fábrica: 16 dólares
- Niñera: 10 dólares
- Médico de familia: 48 dólares
- Médico especialista: $68
- Cantante en su centro turístico favorito: 80 $ en el extremo superior.

Tras la reunificación de las dos monedas en enero de 2021, el gobierno cubano aumentó el salario mínimo a 2100 pesos u 87,5 dólares, dado un tipo de cambio oficial de 24 pesos por dólar. El valor del CUP en el mercado negro se acerca a los 50 pesos por dólar, mientras que el precio de los bienes ha aumentado considerablemente. Por lo tanto, aunque los salarios hayan aumentado, en realidad, el poder adquisitivo del pueblo cubano sigue siendo cercano a los 42 dólares mensuales.

Ahora bien, si un viaje corto en taxi cuesta 10 dólares,

un sándwich cuesta 3 dólares, una cena para uno en un restaurante cuesta 15 dólares y un champú cuesta 7 dólares, entonces se preguntará cómo se puede sobrevivir con un salario medio de 42 dólares al mes.

Imagina que tu salario es de 5.000 dólares al mes y que un bote de champú cuesta 2.000 dólares, un viaje corto en taxi 3.000 dólares, e ir a un restaurante te va a costar 10.000 dólares. ¿Qué harías y cómo sobrevivirías? La respuesta a esta pregunta afecta a los cubanos todos los días, provocando una gran preocupación por su futuro, su estilo de vida y la toma de decisiones difíciles en cuanto a la calidad de los productos que utilizan, su alimentación y nutrición, el transporte, las relaciones, el entretenimiento y mucho más.

Debido a la economía controlada por el Estado, el gobierno subvenciona la alimentación y la vivienda de sus ciudadanos. Por ejemplo, cada cubano tiene una libreta de alimentos, La Libreta, que contiene una lista de artículos que se pueden comprar cada mes a precios exiguos en las tiendas de conveniencia o Bodegas del gobierno. La lista es larga, pero generalmente sólo hay cuatro o cinco artículos disponibles en la tienda del gobierno. Al principio de cada mes, hay enormes colas para comprar los artículos de estos folletos de alimentos, y cuando le toca a alguien, algunos de los artículos ya se han acabado.

Incluso si eres uno de los afortunados, estas ayudas alimentarias no cubren la demanda de una sola persona, y mucho menos de una familia entera. Para que te hagas una idea, esto es lo que la Libreta asigna para una persona:

- Pan pequeño - Uno para cada día del mes
- Arroz - 5 libras al mes
- Granos (frijoles) - 8 onzas
- Pollo - 6 onzas (cada 15 días)
- Picadillo de soja (proteína de soja texturizada) - 6 onzas
- Huevos - 5 huevos al mes con descuento y 5 más a

un precio ligeramente superior al mes

- Aceite de cocina - 8 onzas al mes
- Azúcar - 4 libras al mes
- Mortadela - 8 onzas por persona
- Compota - 7 mini latas (sólo para bebés de hasta 3 años)
- Sal - Un paquete pequeño
- Café - 1 paquete de café al mes
- Cerillas
- Leche (en polvo, no líquida) - permitida sólo si tiene hijos menores de 7 años o si es una persona mayor

Los artículos que no suelen aparecer en las tiendas de Libreta son:

- Pescado - nunca disponible a pesar de que Cuba está rodeada por el océano
- Carne de vacuno - muy raramente disponible (cada 3 o 4 meses) para niños pequeños menores de 7 años

Los artículos fuera de la lista anterior no están subvencionados, y la gente no tiene más remedio que comprar el resto de las necesidades en las Tiendas en Divisas, también conocidas como tiendas de divisas. Las tiendas de divisas suelen tener más oferta, más variedad y productos de mayor calidad, que son importados por el gobierno cubano para atender a los turistas. En otras palabras, el gobierno cubano utiliza dólares o monedas fuertes para importar productos y los vende en dólares. Si usted necesita zapatos, un vestido o una camisa, tendría que comprar estos artículos en la tienda de divisas, y tendría que pagar en dólares por los artículos. Como el gobierno sólo importa ciertas marcas y tallas específicas, es posible que ni siquiera encuentre su talla. Aunque haya ahorrado durante un año para comprar un par de zapatos, es posible que no tenga suerte y tenga que conformarse con una talla que no le sirva o se vea obligado a renunciar a la compra. La otra noticia triste es que, como cliente, tiene que pagar aún más por una marca que puede costar menos en Norteamérica, ya que el Gobierno necesita cubrir sus gastos de transporte y ganar un poco de dinero con los artículos importados. La otra razón por la que los precios son más altos en Cuba en comparación con los Estados Unidos es que no hay suficiente oferta ni competencia para bajar el precio y mantener la demanda satisfecha. En otras palabras, el Gobierno no compra e importa estos artículos al por mayor para lograr un menor coste medio por unidad. La alternativa es comprar la ropa a un precio relativamente más bajo comprando directamente a los cubanos que a menudo viajan a otros países. Algunos países (en el momento de escribir este libro en 2020) no exigen visado a los cubanos. Rusia, Trinidad y Tobago, Guyana y Panamá han relajado recientemente estos requisitos. Los cubanos viajan a estos países para comprar ropa con la esperanza de traerla de vuelta a Cuba para venderla a sus familiares o vecinos.

Una vez mencionada la limitación de ingresos a la que se enfrentan muchos cubanos, cabe preguntarse: ¿cómo pueden los cubanos permitirse obtener un pasaporte y comprar un billete de avión? Al igual que ocurre en el resto del mundo, sólo los que pueden permitirse viajar lo hacen. La diferencia es que los cubanos suelen tener que vender todas sus pertenencias. Algunos pueden vender sus joyas, o pueden tener familiares en el extranjero dispuestos a aportar la inversión inicial para importar ropa.

Los importadores suelen vender la mercancía de ropa dentro de sus barrios. La venta de la mercancía importada suele llevar mucho tiempo porque los clientes del barrio o bien no tienen dinero para comprar y necesitan ahorrar, o bien pueden pagar en cuotas mensuales si necesitan comprar la ropa de inmediato. Por ejemplo, si un par de zapatillas Converse cuestan 40 dólares, un vecino se las proporcionará con la condición de que se paguen cuotas mensuales durante cuatro meses (es decir, 10 dólares al mes). Por supuesto, generalmente no se cobran intereses por el pago. Otro método es la venta a comerciantes que fabrican ropa hecha a mano y la venden en el centro de la ciudad. Estos precios también serán en dólares. También hay donaciones internacionales realizadas por varias iglesias y grupos religiosos a Cuba. Curiosamente, estas no siempre siguen el camino previsto. He escuchado de algunos cubanos que ciertas personas que trabajan dentro del gobierno revenderían estas donaciones al pueblo a través de las tiendas llamadas Trapichopis (una tienda de ropa usada/reciclada) en lugar de proporcionarlas gratuitamente al pueblo. No puedo confirmar de forma independiente si esta afirmación de la gente en Cuba es cierta o falsa.

Ahora que se han sentado las bases en lo que respecta a los bienes, los precios y los salarios, comenzaré a explorar algunos de los desafíos que enfrenta Cuba dentro de varios sectores de su economía.

Sanidad

Proporcionar acceso a servicios médicos oportunos y de alta calidad puede ser un reto a veces, a pesar de que Cuba tiene la reputación de tener un sistema médico robusto. Aunque el país ofrece asistencia sanitaria gratuita a los ciudadanos cubanos y a los residentes permanentes, la realidad puede no ser tan prometedora como se percibe desde el exterior. Cada ciudad importante cuenta con un hospital principal donde se pueden encontrar equipos médicos esenciales, como ecógrafos, resonancias magnéticas, etc., y cada ciudad tiene un *policlínico*.[2] Antes de la revolución de 1959, Cuba era el tercer país de América Latina con mayor número de médicos por cada mil habitantes (Gott, Cuba: una nueva historia, 2005). Esta concentración de médicos se

[2] Clínica de salud .

encontraba principalmente en la próspera parte occidental del país, en las ciudades de La Habana, Matanzas y Santa Clara. Como mencioné en el capítulo 2, sólo había un hospital en la ciudad de Las Tunas para atender las necesidades de los campesinos y los habitantes de la zona. Durante ese tiempo, la gente de las fincas alejadas de la ciudad de Las Tunas viajaba hasta allí porque no había instalaciones médicas ni médicos en sus pueblos. El viaje desde las granjas cercanas era sin duda caro, al igual que la visita al hospital. Si no se tenía el dinero, no se recibía el tratamiento. En consecuencia, la disponibilidad de médicos en la zona rural de las provincias orientales era escasa debido a la falta de atención del gobierno central hacia las regiones orientales, que lamentablemente continúa hasta hoy. Las provincias orientales de Cuba siguen sin recibir la atención que merecen y, como se describe en el capítulo 3, esta falta de atención se ha prolongado desde el gobierno de los españoles.

Después de la revolución, Cuba se esforzó por ofrecer un sistema sanitario universal y gratuito a sus ciudadanos y empezó a aumentar considerablemente el número de médicos per cápita, gracias a la gratuidad de las matrículas universitarias y a la amplia formación de los médicos. En la actualidad, Cuba ha seguido apostando por la sanidad y ha conseguido importantes logros en su sistema sanitario. Entre ellos, la erradicación de muchas enfermedades infecciosas mediante la vacunación universal, la producción de medicamentos (incluidos los antirretrovirales, que se suministran a menor coste para los pacientes con VIH), la eliminación de la transmisión del VIH de madre a hijo, la menor transmisión del VIH en el hemisferio occidental y el manejo adecuado de la pandemia del COVID-19. Los médicos cubanos incluso se han aventurado a ir a África, América Latina y el Caribe para poner en práctica sus habilidades. En 2020, los médicos cubanos viajaron a las zonas calientes de COVID-19 de Italia, Sudáfrica, Jamaica y Perú para echar una mano.

Aparte de los beneficios morales, la participación internacional de los médicos cubanos se ha traducido en una importante contribución al PIB de Cuba y en una mayor disponibilidad de divisas para el país. La ganancia neta del envío de médicos cubanos al extranjero ha aportado más dinero a Cuba de lo que supuso la exportación de níquel, y los ingresos estuvieron casi a la par con los de la industria del turismo (Gary Clyde Hufbauer, 2014).

Aunque los médicos cubanos se han convertido en una sólida exportación para el país, la misión internacional para los médicos cubanos no ha sido fácil. Sin embargo, los incentivos están ahí, ya que estos médicos optan por aceptar los contratos porque se les da un salario más alto en moneda fuerte (que oscila entre $500 y $1,400 USD al mes, dependiendo del país). El elevado salario de los médicos que trabajan en el extranjero constituye, por lo general, entre el 20% y el 25% del salario que paga el país anfitrión al gobierno cubano. Por ejemplo, en 2018, el gobierno brasileño pagó un salario mensual de $3,600 USD al gobierno cubano por cada médico que acogió. Sin embargo, los médicos normalmente solo recibirían 1.000 USD al mes mientras realizan su trabajo en Brasil (NUGENT, 2018). Incluso así, esto representa un aumento increíblemente grande en comparación con los salarios que los médicos reciben en casa. Otra ventaja que conlleva la aceptación de un contrato de misión médica en el extranjero es que los médicos a menudo pueden traer electrodomésticos, automóviles y otros artículos necesarios que no están disponibles en Cuba, libres de aranceles.

Sin embargo, una vez en su lugar de trabajo internacional, los médicos tienen limitada su libertad de movimientos y a menudo se les vigila y se les dice lo que tienen que hacer. Tampoco se les permite llevar a sus familias. Otro inconveniente es que, si una doctora está embarazada, se ve obligada a volver a Cuba para dar a luz, ya que el gobierno cubano quiere evitar que el recién nacido obtenga la ciudadanía extranjera (NUGENT, How Doctors

Became Cuba's Biggest Export, 2018).

Las misiones internacionales de los médicos cubanos también tienen muchas repercusiones internas. Dado que Cuba envía a muchos de sus mejores médicos al extranjero, a menudo escasean los profesionales con experiencia que puedan prestar un servicio de alta calidad a la población en los hospitales y clínicas médicas cubanas. En otras palabras, existe un grave problema de fuga de cerebros. Los médicos que quedan en Cuba carecen de experiencia o son pasantes. Por supuesto, para los turistas o las élites políticas y militares, todavía hay médicos con experiencia en los mejores hospitales del país. En esencia, Cuba tiene un doble sistema sanitario oculto, con una parte que atiende a los turistas y a las élites con médicos muy experimentados, y otra que se ocupa de las personas a las que a menudo se les niega el acceso a un tratamiento rápido y de alta calidad. Por desgracia, si no tienes una conexión interna con un médico que sea tu vecino o un amigo, o si no le llevas un regalo, no tendrás la prioridad que mereces y lo más probable es que tengas que hacer una larga cola para recibir atención médica (Sergio Díaz-Briquets, 2006).

Es una verdad incómoda que casi todo en el sistema médico se puede resolver con un poco de dinero en efectivo. Por ejemplo, si quieres dar a luz sin que te vigilen siete o más internos o si quieres elegir una cesárea o una epidural en lugar de un parto natural, tu dinero puede influir mucho en esa decisión de los médicos. Pero no sólo se puede influir en el trato preferente. Debido a la falta de disponibilidad de suministros médicos esenciales, los médicos a veces no tienen más remedio que reutilizar los guantes médicos. A veces no hay anestésicos disponibles para utilizar durante las extracciones de dientes, y en este caso, un poco de dinero puede ahorrarte mucho dolor.

Me acuerdo de la vez que tuve que acompañar al Hospital Clínico Quirúrgico Holguín a un amigo que sufría fuertes dolores de estómago por una gastritis. Sospecho que su gastritis fue probablemente causada por la falta de nutrición adecuada en Cuba. En cualquier caso, las condiciones que vi de primera mano palidecían en comparación con las de los hospitales canadienses y eran terriblemente subóptimas desde el punto de vista sanitario. Vi suelos con vómitos, falta de privacidad ya que los pacientes estaban en diferentes camas una al lado de la otra sin un separador, heces sin tirar en los baños, y el olor a formaldehído, que era nauseabundo. Incluso cuando mi amigo volvió al día siguiente al hospital para su cita de seguimiento, me comentó que el vómito de la noche anterior seguía en el suelo.

Ha habido muchos casos en los que los pacientes no fueron tratados correctamente en el sistema médico cubano. Ha habido casos en los que un paciente se infectó con hepatitis C debido a la esterilización inadecuada de las agujas durante los análisis de sangre (Rosen, 2016: Hepatitis may be linked to injections in Cuba, 1991). Otro caso fue en relación con un examen de próstata realizado a un ciudadano de edad avanzada que se consideraba un caso social, lo que significa sin hogar, o extremadamente pobre, normalmente sin familia. El médico tuvo que realizar un examen de próstata al señor, pero delante de siete jóvenes internos. El procedimiento tuvo que hacerse con agua y jabón como lubricante porque no había lubricantes ni guantes disponibles. El procedimiento fue un poco complicado sin los guantes ni el lubricante suficiente, lo que provocó las risas de los compañeros, degradando al señor y violando su derecho a la intimidad. Estos son sólo algunos ejemplos que muestran los graves problemas que existen en el núcleo del sistema médico cubano: la falta de suministros médicos esenciales, que provoca la reutilización de guantes médicos y mascarillas, la falta de medicamentos esenciales en las farmacias, mientras que cualquier cosa se puede encontrar en el mercado negro, y la falta de infraestructura necesaria para que el médico llegue al hospital a tiempo para la cirugía. A menudo, los médicos de las ciudades más pequeñas van en bicicleta al trabajo, y en algunas de las provincias del este, se les puede ver en carro de caballos.

En ocasiones, los empleados roban los medicamentos y los venden en el mercado negro para conseguir un dinero extra, ya que los salarios de los farmacéuticos no permiten cubrir los gastos mensuales de las familias. El robo de estos medicamentos esenciales hace que no se disponga de medicamentos críticos para los enfermos de cáncer y los ancianos a precios subvencionados y asequibles. El salario de los médicos, aunque se haya aumentado de 30 a 68 dólares (según el tipo de especialista y su experiencia), no incentiva a los médicos a prestar un servicio de alta calidad. Por ello, algunos médicos aceptan regalos para adelantarse a la cola. Ni siquiera se ofrecen fácilmente ventajas para los médicos, como regalos de Navidad o vacaciones extra.

También hay una falta de atención a los detalles por parte de algunos médicos. En el Hospital Lenin de Holguín se han dado casos en los que los médicos han confundido el cuerpo de una persona recién fallecida con otro inconsciente que acaba de salir de una operación. El cadáver fue llevado en la camilla a la unidad de recuperación, mientras que el paciente que acaba de salir de la operación fue llevado a la morgue. También se han denunciado casos de falta de consideración moral por parte de algunos de los médicos. En noviembre de 2017 se produjo un ataque mortal de tiburón que provocó la muerte de un joven de 22 años de Holguín en la localidad costera de Guardalavaca. Las fotos de las mordeduras de tiburón y las heridas del cadáver de este joven circularon por las redes sociales cubanas tras su muerte. Resulta que el médico rompió la confidencialidad del paciente y compartió las horribles fotos del cadáver de este joven, que circularon por las redes sociales y acabaron en el teléfono de prácticamente todo el mundo en Cuba.

Muchos extranjeros viajan a Cuba para hacer "turismo médico". Si pagan en divisa (dólares americanos, o moneda fuerte), entonces recibirán el mejor servicio médico con todo (desde guantes de látex hasta máquinas de resonancia magnética) a su disposición sólo por haber pagado en dólares. Sin embargo, para los ciudadanos de a pie que ganan un salario medio mensual, tienen que conocer a alguien en el sistema médico o llevar un bonito regalo (a veces en efectivo) para el médico o la enfermera con el fin de obtener un servicio prioritario y no esperar en la cola. Un pequeño regalo siempre ayudará si vas a hacerte un análisis de sangre. A veces, el laboratorio puede sacarte la sangre y volver a llamarte al cabo de una semana porque el reactivo para detectar anomalías en la sangre puede no estar disponible. Sin embargo, a menudo, con un poco de dinero, se le dará la prioridad correspondiente y su sangre encontrará el agente reactivo necesario, por lo que no tendrá que ser llamado dos veces para donar sangre.

De ninguna manera estoy tratando de negar el gran trabajo que la mayoría de los verdaderos médicos, enfermeras y personal médico cubanos hacen día tras día, trabajando con honor e integridad. Pero, por desgracia, el problema de llegar a fin de mes afecta a uno de los pilares de la sociedad: el sistema sanitario.

Alimentación y servicios generales

Como se mencionó anteriormente, cubrir las necesidades básicas en Cuba es un reto diario, ya que la asignación mensual de alimentos que se da en las bodegas, o tiendas del gobierno, no satisface las necesidades de las familias cubanas. Al mismo tiempo, los bajos salarios mensuales no permiten que la gente compre carne, aves, mariscos y verduras en las tiendas en divisa. Incluso si la gente tuviera el dinero, muchos de los artículos no aparecen en las tiendas en divisa.

Por ejemplo, las verduras llenas de antioxidantes como la lechuga, los tomates y cualquier alimento vegetal lleno de clorofila simplemente no están disponibles en las tiendas. Aunque los agricultores a veces traen frutas y verduras frescas a las ciudades para venderlas, los precios siguen siendo demasiado altos e inasequibles para la mayoría. En el caso de las que son asequibles, la calidad del producto no es alta debido a los agentes de maduración que se les suele añadir.

Debido al altísimo coste de los desplazamientos en Cuba en comparación con los salarios, una persona que vive en la ciudad tiene que gastar una parte importante de su salario mensual en transporte sólo para salir de la ciudad a comprar frutas y verduras. Una vez en la granja, dicha persona tendrá que pagar una mitad adicional de su salario mensual para comprar los productos. Como resultado, es un reto obtener verduras y frutas saludables durante todo el año a un precio razonable.

La principal carne elegida por los cubanos es la de cerdo, que se consume mucho y se asa tradicionalmente en Navidad, Año Nuevo y otras festividades. Los mariscos también son comunes, ya que el marisco más disponible es el bagre o claria, que fue introducido en Cuba desde África para proporcionar una fuente alternativa de alimentos tras el colapso de la Unión Soviética (PADGETT, 2019). No es de extrañar que un país rodeado de mar tenga mucho marisco. Lo que resulta extraño es la prevalencia de la malnutrición mientras hay tal cantidad de pescado disponible alrededor de la isla. Una vez más, el gobierno controla la industria pesquera. Así, por ejemplo, un pescador que vive en Gibara (un pueblo pesquero costero de la provincia de Holguín) no puede pescar a granel para vender al público delicias del mar, como camarones, pulpo o langostas. Como el gobierno controla la industria pesquera, hay una falta de competencia y amplias ineficiencias en las operaciones de pesca, lo que hace que los precios de los productos del mar sean más altos de lo que la mayoría de los cubanos pueden pagar.

Muchas familias comen menos, se alimentan de forma poco saludable o se ven obligadas a acostarse con hambre por la falta de alimentos disponibles a un precio subvencionado o más barato. Aunque es un problema evidente, el gobierno cubano no ha invertido recursos significativos para resolver esta crisis alimentaria. Las explotaciones agrícolas utilizan herramientas y maquinaria anticuadas, y la cosecha es realizada manualmente por los campesinos o agricultores. No ha habido ninguna inversión significativa en la industria agrícola para aumentar el rendimiento de las cosechas y llevar a cabo una producción masiva para satisfacer la demanda de alimentos de la población.

La carne de vacuno está controlada por el Estado y solo puede venderse en restaurantes controlados por el gobierno. Es ilegal matar a una vaca, y la pena de prisión puede acercarse a la de matar a un ser humano en Cuba (Medina, 2013). Las plantas que se cultivan en Cuba, como la caña de azúcar, los cítricos, el café, el tabaco, los plátanos, las yucas y las patatas, no son capaces de satisfacer la demanda de la población. Las prácticas agrícolas ineficientes, los elevados costes de combustible y transporte, y la falta de infraestructuras de transporte disponibles y fiables han dado lugar a prácticas agrícolas urbanas en las ciudades. Muchos cubanos tienen gallinas y gallos en los patios traseros para utilizar sus huevos y su carne cuando sea necesario, mientras que algunas familias crían cerdos para vender o consumir su carne.

El sistema agrícola ineficiente, la reducción de los rendimientos agrícolas, los altos impuestos a las granjas privadas que constituyen el 80% de la producción de alimentos de Cuba, y la falta de inversión adecuada en esta industria han llevado a la importación de la mayoría de los alimentos necesarios por parte del gobierno (Álvarez, 2019). Cuba importa entre el 60 y el 70 por ciento de sus alimentos principalmente en forma de granos, arroz, pollo y, sobre todo, leche en polvo por un precio de 2 mil millones de dólares anuales (Frank, 2017).

Durante la administración Trump, se impusieron sanciones a los sectores petrolero y naviero de Venezuela que transportan mercancías a Cuba. En consecuencia, la disponibilidad de alimentos y la importación de artículos esenciales desde Venezuela se vieron gravemente afectadas. Los impactos de las sanciones a Venezuela en 2019 provocaron un desabastecimiento de alimentos en los almacenes cubanos dolarizados o en divisas. La falta de alimentos, a su vez, creó largas colas y un descontento y malestar general entre la población, ya que artículos como el pollo y otros bienes no estaban disponibles en las bodegas o tiendas de divisas.

Los problemas agrícolas de Cuba constituyen una de las mayores amenazas para su seguridad nacional y son de naturaleza algo compleja. Sus causas fundamentales se estudiarán con más detalle en los siguientes capítulos. Sin embargo, Cuba siempre ha dependido indirectamente de potencias extranjeras para su producción de alimentos y energía. El momento de despertar para Cuba llegó tras el colapso de la Unión Soviética, cuando se vio obligada a avanzar hacia la independencia en términos de producción de alimentos. Es posible que los problemas actuales se hubieran evitado si Cuba se hubiera centrado antes en ser autosuficiente, invirtiendo en la infraestructura agrícola para producir pollo, carne de vacuno y verduras en grandes volúmenes, lo que en última instancia aumentaría la oferta y bajaría el precio.

Turismo

La historia del turismo en Cuba es anterior a la revolución de 1959. Debido a la proximidad geográfica con Estados Unidos, así como a su clima tropical, sus playas vírgenes y los lugares declarados patrimonio de la humanidad por la UNESCO, Cuba ha sido un mercado atractivo para el turismo. Antes de la revolución, La Habana era la capital hedonista del Caribe y ofrecía una amplia gama de casinos, bebidas, vida nocturna y burdeles para los turistas. Sin embargo, no todo el turismo era saludable, ya que La Habana era un patio de recreo para los gánsteres, las familias del crimen organizado de Estados Unidos y los ricos que podían permitirse lo que La Habana ofrecía. El juego y los casinos eran una de las principales fuentes de entretenimiento e ingresos, seguidos de la profesión más antigua del mundo: la prostitución. Un trabajo independiente estima que más de 11.000 prostitutas trabajaban en la industria del sexo de Cuba en más de 270 burdeles antes de la revolución de 1959 (Rodríguez García, Van Voss, & Van Nederveen Meerkerk, 2017).

Después de la revolución, hubo una limpieza a fondo de todos los casinos, burdeles y prácticas de prostitución, ya que la industria del turismo, en general, disminuyó después de la revolución debido al embargo de Estados Unidos. Tras la limpieza, durante la época soviética, de los años 60 a los 90, no hubo un gran volumen de turistas. Sin embargo, todo cambió con el colapso de la Unión Soviética y el inicio de El Período Especial, que duró de 1991 a 2000. Durante el Período Especial, el apoyo económico del Bloque del Este y de la Unión Soviética a Cuba desapareció, y debido a la crisis económica de este período, Cuba se vio obligada a idear una forma de girar su rueda económica. Fue entonces cuando Cuba tomó la decisión de abrir sus puertas al turismo.

Desde la década de 1990, las políticas relajadas del gobierno hacia el sector turístico, así como las asociaciones conjuntas con marcas hoteleras internacionales líderes en la industria, han abierto vías para que las empresas extranjeras inviertan en la industria turística cubana. Esta industria experimentó un gran auge, especialmente en la ciudad turística de Varadero, donde se construyeron nuevos hoteles para atender el gran volumen de visitantes, principalmente de Canadá. Las estrechas relaciones diplomáticas entre Canadá y Cuba permitieron a muchos turistas canadienses disfrutar del clima tropical de la isla durante todo el año, con el único obstáculo de un vuelo de 3h 20m desde Toronto a Varadero. Las relaciones diplomáticas entre estos países se mantuvieron cordialmente tras la revolución de 1959.

Canadá no siguió a Estados Unidos en el corte de lazos con Cuba, y como resultado, los canadienses constituyeron el mayor número de turistas en Cuba, seguidos por los países europeos. Esa tendencia continúa hasta el día de hoy, ya que los canadienses traen el mayor número de turistas a la isla, seguidos por los Estados Unidos (en el momento de escribir este libro) (Relaciones Canadá-Cuba, 2018). Tras la elección del presidente Trump en Estados Unidos, se restablecieron las restricciones de viaje a la isla, por lo que se ha producido un grave descenso del turismo estadounidense a la isla. Esta disminución se vio agravada por la suspensión de las entradas de cruceros a Cuba, que era el principal medio de transporte de los turistas estadounidenses que visitaban la isla.

Hoy en día, Cuba tiene uno de los índices más bajos de retorno de turistas que repiten. Esto se debe al aumento de los precios de las actividades y servicios turísticos que se ofrecen en el país en comparación con otros destinos del Caribe, a la mala atención al cliente, a la baja calidad de la comida y a la falta de infraestructuras adecuadas para el transporte. La mayoría de los turistas que viajan a Cuba se alojan en complejos turísticos con todo incluido en primera línea de playa y experimentan la burbuja que he mencionado al principio de este libro.

Se pueden encontrar diferentes clases de hoteles, desde 1 estrella hasta 5 estrellas. Aunque hay algunas excepciones, la calidad de los servicios en los hoteles medios no está a la altura de la de los hoteles de México o la República Dominicana. Uno de los mayores problemas que afectan a estos hoteles es la calidad (y variedad) de la comida, así como la calidad del servicio al cliente prestado por los miembros del personal, los camareros y las camareras. En los últimos años, las marcas internacionales como Meliá Hotels International, el Grupo Iberostar o Royalton Resorts, por nombrar algunas, han hecho mucho hincapié en la calidad del servicio que debe prestar el personal y en el trato que deben recibir los clientes.

En el pasado, es posible que usted haya ido a un restaurante de un complejo turístico con todo incluido y que los elementos del menú no estuvieran disponibles. Además, la calidad general de la comida no habría dado lugar a una experiencia culinaria globalmente atractiva. A veces, la carne de las hamburguesas se mezcla con carne de cerdo molida, y esto no se da a conocer a las personas que tienen restricciones dietéticas. En los restaurantes, es posible que los camareros no presten suficiente atención a sus clientes sentados, aunque sea una práctica habitual en el sector de los servicios. La calidad de las bebidas puede no ser la esperada, y a menudo no se siguen las recetas estándar. Por ejemplo, una de las muchas bebidas que los turistas adoran probar en Cuba es el mojito, que se considera la bebida nacional cubana. En algunos complejos turísticos, el mojito suele prepararse con jarabe porque no se dispone de menta, que es el ingrediente principal.

Hay muchos otros problemas que he encontrado o escuchado que causan una mala experiencia en general. La experiencia que se puede tener depende principalmente de la categoría de la marca del hotel y de si el hotel es de nueva construcción. Por supuesto, estas cuestiones también podrían ser un problema en otros hoteles del mundo, pero parecen ser frecuentes en Cuba.

No quiero hacer generalizaciones con respecto a la gente trabajadora de la industria turística cubana. Sin embargo, basta con uno o dos elementos para que las vacaciones de alguien se vean gravemente afectadas. Después de todo, no sería justo, y sin duda sería ilegal, anunciar falsamente la clasificación de estrellas del hotel y engañar a los turistas que han estado anticipando y ahorrando ansiosamente para sus vacaciones.

Durante y después de la administración Obama, en previsión de la llegada de turistas estadounidenses, muchos turistas existentes y repetidores han optado por no volver a Cuba y han elegido otros destinos para sus vacaciones. Está claro que hay una gran oportunidad para el turismo en Cuba, pero los precios tienen que estar a la altura de la calidad del servicio que se ofrece. En una época en la que se puede volar a cualquier parte del mundo por menos dinero, la competencia es feroz. Tal y como está ahora, Cuba tiene mucho margen de mejora para competir en la escena mundial del turismo. Profundicemos en esta brecha de calidad entre los hoteles todo incluido de Cuba y sus competidores.

En mi opinión, los siguientes factores influyen en la falta de calidad del servicio a pesar del aumento de la inversión del gobierno cubano en su industria turística. Los siguientes factores están inevitablemente entrelazados con las políticas económicas generales de Cuba, y serán explorados en detalle:

- Imposibilidad de garantizar los suministros necesarios para llevar a cabo el día a día de la empresa
- Falta de motivación de los empleados/directivos para sobresalir en el trabajo
- Premiar el mal trabajo o el mal comportamiento de los empleados del sector turístico
- Falta de políticas para incentivar a los clientes que regresan

Imposibilidad de garantizar los suministros necesarios para llevar a cabo la actividad diaria:

En Cuba, es un reto para un hotel obtener los materiales y productos alimenticios necesarios para el funcionamiento del negocio. Por ejemplo, en lo que respecta a los productos alimenticios, la mayoría de los hoteles en Cuba no tienen una licencia de importación, y como resultado, están obligados por el gobierno cubano a comprar sus necesidades a los proveedores oficiales del gobierno (Press, 2018). El único problema de comprar los productos a los proveedores del gobierno es que el precio es más alto que los productos ofrecidos en el mercado libre. Además, aunque la cantidad sea adecuada, la calidad no existe, ya que el gobierno puede importar solo uno o dos artículos, que pueden no representar el estándar de calidad anunciado por el hotel. Por ejemplo, si un hotel de 4 o 5 estrellas de Cayo Coco necesita comprar aceite de oliva, puede que no encuentre la marca de alta calidad que le gustaría ofrecer a los clientes y se vea obligado a pagar un precio más alto por un aceite de oliva de menor calidad. El aceite de oliva de baja calidad puede no estar en consonancia con lo que el hotel se anuncia a sí mismo (en este caso, un resort de 5 estrellas). Otro problema puede ser la falta de garantía de suministro de aceite de oliva. El gobierno puede importar una determinada cantidad de aceite de oliva y, debido al aumento de la demanda de los demás hoteles, los almacenes del gobierno pueden quedarse sin existencias. Ante la falta de suministro, el hotel sigue teniendo que mantener sus compromisos con los clientes y servir aceite de oliva o utilizarlo en sus platos. Con la falta de suministro en los almacenes del gobierno, esto sería una tarea imposible. Si alguna vez ha visitado Cuba y el vaso lleno de vinagre balsámico que había junto a su plato parecía más un aceite de cocina que un aceite de oliva, esta sería la razón.

Otros ejemplos son la imposibilidad de importar carne AAA de Canadá (similar a aquella del Departamento de Agricultura de Estados Unidos) o un tipo de carne adecuado para que los clientes puedan tener buenos filetes. El gobierno debería dar más licencias de importación a los hoteles para que puedan importar lo que necesitan para su negocio. Como se mencionó anteriormente, Cuba estaba importando el 70% de sus alimentos de otros países, lo que supone casi 2.000 millones de dólares anuales. Sin embargo, existen restricciones para los hoteles que quieren importar alimentos, la razón es que el gobierno no quiere perder "divisas" por artículos que no pueden añadir un valor esencial a la economía cubana.

Cuba utiliza la industria del turismo para ganar dinero en

forma de divisas como el dólar estadounidense, el euro, el yen japonés, la libra esterlina o el dólar canadiense. Luego utiliza estas monedas fuertes para comerciar con otras naciones. Cuando viajes a Cuba, cambiarás cualquiera de las monedas mencionadas por pesos cubanos (CUP), que no es una moneda comercializada internacionalmente y no tiene valor fuera de la isla. El gobierno cubano ha fijado el valor del CUP al dólar estadounidense. El gobierno cubano mide el valor del peso frente a otras monedas, como el dólar canadiense (CAD), en función de las fluctuaciones del dólar estadounidense frente a otras monedas. El gobierno cubano suele cobrar un elevado diferencial al cambiar tu moneda fuerte por el CUP. En otras palabras, el gobierno cubano obtiene más de tus dólares y te da menos de las CUP sin valor. En consecuencia, el tipo de cambio es una de las formas en que el gobierno gana dinero de los turistas.

Una vez que el gobierno obtiene tu moneda fuerte a través del cambio de tu dinero, entonces utilizaría la moneda para comprar bienes y productos básicos en los mercados internacionales. Por ejemplo, Cuba utiliza los dólares canadienses obtenidos de los turistas para comprar maquinaria pesada y equipos eléctricos y electrónicos de Canadá, y utiliza los euros para importar otros bienes de España u otros países de la Unión Europea (UE).

Pero, volviendo a la pregunta original. ¿Por qué Cuba no da licencias de importación a todos los hoteles? La razón es que para que los hoteles importen carne AAA de Canadá, necesitan cambiar el CUP a CAD en el Banco Central de Cuba y luego usar el CAD para comprar carne de Canadá. Sin embargo, esto significa que la reserva de dólares canadienses se reducirá en la cuenta del Banco Central de Cuba. El dólar canadiense utilizado para comprar el filete podría haberse utilizado para comprar otros artículos esenciales aparte de los filetes para los turistas, como el asfalto para reparar las carreteras de Cuba. En consecuencia, la restricción de las importaciones por parte de las empresas privadas afecta prácticamente a todo, desde conseguir piezas para un aire acondicionado roto hasta comprar material de construcción para renovar el hotel. Desde la perspectiva del gobierno cubano, estos artículos importados simplemente no están en la lista de prioridades, ya que el gobierno prefiere dar prioridad a resolver la escasez de energía y alimentos en toda Cuba en lugar de satisfacer las demandas de los turistas. Ahora bien, usted podría preguntarse: "He pagado mucho dinero por este hotel, y me merezco el servicio". Tiene usted razón al 100%. La cuestión es que el gobierno debería dar prioridad a ciertos elementos de la industria turística. Después de todo, si el gobierno dirige y controla el negocio del turismo, entonces es responsable de dirigirlo de forma competitiva, responsable y eficiente. Además, como exploraremos en el capítulo 5, Cuba puede invertir en infraestructura para producir productos de calidad (en este caso, bistec de calidad) a nivel interno y a precios más bajos que los del mercado libre internacional. La producción interna a precios más bajos podría reducir las importaciones de alimentos y evitar la desaparición de las reservas de divisas de Cuba.

Las limitaciones de la industria turística han provocado importantes gastos generales en las operaciones diarias. Existe una correlación directa entre los retos económicos y la calidad de los hoteles. Como resultado, los gastos generales de funcionamiento han provocado una discrepancia entre los servicios anunciados a los clientes y los servicios realmente prestados.

Falta de motivación de los empleados/directivos para sobresalir en el trabajo:

Hay muchas teorías de la motivación, desde la teoría del refuerzo hasta la teoría de la evaluación cognitiva, pasando por mi favorita, la teoría de la expectativa de la motivación de Vroom (Vroom, 1964). La teoría de las expectativas afirma que, para que una persona esté motivada, debe cumplir las siguientes condiciones:

1) La persona cree que sus acciones y esfuerzos darán lugar a la obtención del resultado deseado. En otras palabras, espera o cree que es capaz de realizar la tarea en cuestión y que, si se esfuerza, conseguirá los resultados. Para nuestro debate, esto podría parecerse a un empleado de un hotel cubano que se pregunta si es capaz de hacer su trabajo con una calidad excepcional.

2) La persona cree que recibirá algún tipo de recompensa si realiza la tarea. Para ese mismo empleado cubano, esto podría parecerse a preguntarse: "Si hago mi trabajo correctamente, ¿recibiré una recompensa de la dirección con un salario más alto y bonificaciones?"

3) La persona valora la recompensa que va a recibir. En nuestro ejemplo, esto podría parecerse a un empleado que se pregunta si un aumento de sueldo de 42 dólares al mes a 50 dólares al mes merece la pena.

En algunos hoteles cubanos, uno puede encontrarse con empleados que pueden ser indiferentes a las peticiones de los clientes o pueden parecer, según los estándares norteamericanos, groseros. Entre las muchas reseñas escritas en sitios de viajes populares como Tripadvisor, las reseñas negativas suelen compartir el mismo sentimiento de los clientes del hotel: el servicio no estuvo a la altura de lo que los turistas esperaban. Por lo general, las críticas negativas son quejas sobre la calidad de los servicios de los hoteles. Según la teoría de Vroom, los servicios son prestados por los empleados de los hoteles que, o bien no ven la luz de la recompensa al final del túnel (regla nº 2), o bien no valoran esa recompensa (regla nº 3).

¿Qué lleva a esta presunta crisis de motivación de los empleados? ¿Es esta la causa fundamental de la falta de calidad de los servicios en los hoteles? Como ya se ha mencionado, el salario medio ajustado a la inflación en Cuba se sitúa entre 42 y 65 dólares, según la profesión. Al mismo tiempo, el costo de la comida (fuera de las bodegas) es mucho más alto que lo que puede cubrir el salario medio nacional.

Sin embargo, a pesar de que el salario del turismo se encuentra dentro de estos límites, los cubanos se esfuerzan por conseguir un trabajo en la industria turística. Esta popularidad surge del hecho de que, además del salario medio mensual, una carrera en la industria del turismo ofrece la oportunidad de ganar propinas en dólares. En el caso de los camareros, las propinas diarias por persona en un hotel popular de Varadero pueden equivaler al salario mensual del empleado.

Es un hecho conocido entre los cubanos que para tener un servicio expedito, los clientes tendrían que dar un poco más para recibir un mejor servicio. ¿Qué haría usted si estuviera planeando su cena de aniversario y no hubiera disponibilidad en el restaurante situado en el hotel con todo incluido que ha pagado? En el mostrador de reservas, una propina de 5 dólares podría servir de mucho en esta situación. ¿No quieres esperar en el bar para tomar una copa? No hay problema. Deje una buena propina al camarero y él o ella le atenderá. Esto puede no parecer diferente a recibir servicios de alta calidad en otras partes del mundo. La diferencia fundamental es que en Cuba, si no das propina, puede que no recibas ni siquiera los servicios básicos. Según la Teoría de la Expectativa de la Motivación, se cumplen los tres requisitos porque aunque no se aumente el salario del empleado, la propina es grande, y los empleados parecen valorar esta recompensa.

Los empleados del sector turístico suelen tener títulos profesionales en ingeniería, derecho o contabilidad, por citar algunos. Sin embargo, estos empleados, en sus profesiones, no ganarían lo suficiente dado el bajo salario medio mensual. Por eso, los que fueron a la escuela para trabajar en estos empleos altamente cualificados se encuentran con que cambian de marcha y se dedican a la industria del turismo. Con una amplia formación profesional y la capacidad de hablar inglés, estos empleados son contratados de inmediato como camareros, barmans, conserjes, guardias de seguridad, etc. Con sus credenciales, estos profesionales ni siquiera prefieren ser promovidos a puestos directivos en la industria del turismo porque acaban ganando el salario medio, no ganan las propinas y además estarían obligados a tener más responsabilidad. Según las conversaciones que he tenido con muchos empleados de la industria turística en varias provincias de Cuba, los empleados no se sienten realizados en sus trabajos porque no están utilizando los títulos para los que fueron a la escuela. Pero aun así, se quedan.

Otra cosa que hay que tener en cuenta es que los hoteles de marca tienen grandes expectativas respecto a sus empleados y establecen normas de calidad laboral similares a las que se encuentran en Norteamérica y Europa. En consecuencia, el empleado cubano medio tiene que trabajar en el marco de unos estándares internacionales más elevados. ¿Qué ocurre entonces con el salario? ¿Las empresas hoteleras extranjeras pagan más por adherirse a estándares internacionales más elevados? La respuesta es sí. Sin embargo, los empleados siguen cobrando el salario medio mensual. La realidad es que las principales marcas hoteleras extranjeras pagarán aproximadamente 300 dólares por cada empleado al gobierno cubano, pero el gobierno sólo pagará al empleado algo más que el salario medio, embolsándose el resto. El trabajador medio cuesta en realidad a hoteles como el Meliá alrededor de 900 USD, lo que incluye salarios, impuestos, bonificaciones y beneficios (Feinberg, 2016). El empleado medio del turismo cubano cuesta más a los hoteles en comparación con el de un trabajador dominicano. Sin embargo, el empleado medio del turismo cubano se lleva un salario menor a casa.

Debido a la política de compensación competitiva presente en la industria hotelera del mundo occidental, los gerentes y empleados extranjeros que trabajan en Cuba cobran miles de dólares al mes. Sin embargo, los gerentes de hoteles de la parte cubana que realizan el mismo trabajo que los gerentes extranjeros sólo recibirán un salario ligeramente superior al salario medio cubano. Dada esta situación, no se cumple el tercer punto de la teoría de las expectativas de Vroom, y no hay motivación para adherirse a estándares más altos o tratar de hacer un gran trabajo, incluso a nivel directivo.

Otra situación angustiosa es que algunos empleados no pueden sostener los gastos familiares ni siquiera trabajando en la industria del turismo porque, en la era posterior al presidente Obama, el número de turistas estadounidenses se ha reducido significativamente, seguido de una reducción de las propinas. Algunos de los empleados de los hoteles son despedidos temporalmente para minimizar los gastos de los hoteles durante la temporada baja de turismo, que suele ser entre mayo y octubre. Los afortunados que siguen trabajando tienen dificultades para alimentar a sus familias con las propinas prácticamente inexistentes, el salario medio y el aumento de los costes de las necesidades debido a las sanciones de Estados Unidos. Algunos empleados me han contado que han tenido que robar comida, incluso pollo, a menudo metiéndola en la ropa para llevarla a casa y alimentar a sus familias. En los controles policiales, los agentes suelen revisar el interior de los autobuses de los empleados en busca de actividades sospechosas o antirrevolucionarias. Un empleado del hotel me contó una de sus historias. Durante una de las inspecciones, el empleado estuvo a punto de ser sorprendido con comida robada en su mochila. No sólo llevaba comida en la mochila, sino que tenía pollo pegado al cuerpo. Mencionó que no le importaba tanto perder su trabajo como las oportunidades (propinas y comida robada) a las que tiene acceso gracias a su trabajo para seguir alimentando a su familia.

En la mayoría de los hoteles con todo incluido, la nevera de cada habitación suele estar repleta de cervezas y otras bebidas. Algunos empleados recurren a robar y vender las cervezas diarias que los hoteles regalan a los turistas. Todos los días, el personal del hotel revisa la nevera y, si los huéspedes consumen las bebidas, les proporciona más cervezas. Sin embargo, si resulta que no han consumido sus cervezas o su TuKola (la versión cubana de la Coca-Cola), entonces el personal del hotel se llevará a casa la cantidad de cerveza diaria destinada al consumo de los turistas. Las cervezas robadas del inventario del hotel habrán pasado desapercibidas porque el hotel asume que el huésped se ha bebido la cerveza. La cerveza robada se venderá entonces en el mercado negro a un precio ligeramente inferior al establecido por el gobierno a nivel nacional o simplemente será consumida por la familia del empleado.

Otro caso de robo es el de los empleados del hotel que utilizan a familiares, vecinos o amigos que se alojan en el mismo hotel con todo incluido para sacar ciertos productos. El vecino podría pedir botellas de vino espumoso u otras bebidas que se entregarían en la habitación. A continuación, meterían estos artículos en sus maletas y saldrían del hotel sin ser detenidos en los controles policiales. A cambio del favor, el vecino recibiría un par de botellas como regalo, mientras que el resto sería vendido o consumido por el empleado del hotel.

Otras tácticas son las de los camareros de los hoteles de 5 estrellas que, cuando venden bebidas premium (que no están incluidas en el paquete de todo incluido) a sus clientes, no llenan los vasos con todo el volumen del chupito. Así, si alguien va a comprar dos chupitos de ron Santiago 20 años, el camarero puede servirle sólo 1,75 chupitos pero cobrarle dos. En otras palabras: una botella se divide en 25 chupitos y el empleado ha vendido los 25 chupitos sobre el papel, pero en realidad, ha servido a los clientes 22 chupitos, y los tres restantes se considerarían sobrantes gratuitos. La repetición de este proceso acabaría acumulando la parte no vendida de la botella hasta que se pudiera obtener una botella completa libre. Los camareros venderán entonces la botella entera con un descuento a los turistas (por debajo de la mesa) que pueden confiar en no delatarlos. Por ejemplo, una botella de Havana Club 15 años, que se vende a un precio fijo nacional de 150 dólares, suele venderse a la mitad de ese precio a los turistas por debajo de la mesa.

Los empleados parecen sacar su motivación de estos negocios secundarios más que de los ascensos y las ventajas. Estos empleados dirigen sus mini-negocios a menudo sin miedo a perder sus puestos de trabajo, ya que el dolor de perder sus empleos simplemente no equivale al placer de ganar dinero robando productos del hotel.

La información proporcionada se basa en mis entrevistas privadas con empleados y sus jefes que trabajan en el sector turístico. Por supuesto, esto no se aplica a todos. Hay empleados excelentes y hombres y mujeres muy trabajadores en la industria del turismo que se desviven por marcar la diferencia a pesar de los retos económicos y sociales a los que se enfrentan a diario. Muchos empleados de la industria del turismo trabajan con honor y dignidad y están en contra de las malas acciones de otros. Además, estos honorables empleados están en contra de los que deciden robar en los hoteles con la justificación y el pretexto de que están luchando por alimentar a sus familias o que tienen inventiva al tener un negocio paralelo. Los empleados que roban suelen justificar sus acciones sugiriendo que el gobierno les quita. No niego en absoluto las presiones económicas, y tal vez uno o dos empleados necesitan robar para que sus esposas e hijos no pasen hambre por la noche. Sólo pretendo explorar las causas profundas que crean el actual clima empresarial y económico. Estas ideas se explorarán más a fondo en el capítulo 5, donde nos adentraremos en el Bloqueo o Embargo.

Premiar el mal trabajo o el mal comportamiento de los empleados en el sector turístico:

Cuando se presenta una queja de un cliente, el personal del hotel suele corregir el problema para evitar una mayor escalada a sus respectivos gerentes. Sin embargo, ha habido muchos casos en los que las quejas no han dado ningún resultado. Aunque un gerente puede abordar las quejas con un empleado si se convierte en reincidente, no hay medidas concretas reales que puedan tomarse contra el empleado. En otras palabras, es muy difícil despedir a un empleado del hotel y, por lo tanto, no hay miedo a la reprimenda entre los empleados. Como ya se ha dicho, los empleados no tienen miedo de perder su trabajo, sino que tienen miedo de perder la oportunidad de ganar propinas.

Debido a la falta de consecuencias concretas por no hacer un buen trabajo, no hay ningún incentivo para que el empleado no siga cometiendo los mismos errores, por lo que el sistema no se enfrenta al mal comportamiento, sino que, en cierta medida, lo premia. El incentivo de ser promovido parece funcionar negativamente porque los empleados prefieren no ser promovidos al nivel directivo o a un puesto de trabajo de oficina, ya que tendrían que aceptar más responsabilidades pero con incrementos salariales marginales.

Los complejos turísticos en Cuba gestionados por empresas internacionales suelen tener dos directores. Un director será cubano, mientras que el otro es un director extranjero de la empresa internacional. Aunque hay muchas responsabilidades distintas entre los directores, muchas de ellas se repiten. En otras palabras, los dos directores tienen el mismo nivel de obligaciones, con la única diferencia de que el director cubano recibe un salario de unos 100 dólares al mes, mientras que su homólogo de la parte extranjera recibe un mínimo de 5.000 dólares mensuales. Para el director cubano no hay ningún incentivo para trabajar más duro o de forma más inteligente, ya que las expectativas y el nivel de responsabilidad son los mismos que los del director extranjero. Aun así, la diferencia de salarios es enorme.

Falta de políticas para animar a los clientes a volver:

En las últimas dos décadas, Cuba ha canalizado la

inversión en el sector turístico mediante la construcción de su infraestructura turística, la formación de personal y la asociación con empresas internacionales de gestión hotelera. La asociación con empresas extranjeras, concretamente españolas, canadienses y francesas, ha aportado la experiencia en gestión hotelera, atención al cliente, entretenimiento y adquisición de productos para equiparar el turismo cubano al de sus competidores en la República Dominicana, Jamaica y México. Aunque existen diferentes productos turísticos dirigidos a varios nichos de mercado, la mayoría de los turistas canadienses, que constituyen más del 30% de todos los visitantes de Cuba, prefieren alojarse en complejos turísticos con todo incluido.

Las vacaciones en Cuba tenían un aspecto muy diferente durante los años anteriores a Obama y después de que este dejara el cargo. En el pasado, uno podía conseguir unas vacaciones de una semana en una de las mejores playas por entre 550 y 1200 dólares canadienses, incluyendo vuelo y hotel. Los turistas solían estar contentos con su experiencia porque los precios eran muy bajos, por lo que sus expectativas eran también bajas. Con la previsión de que los turistas estadounidenses acudieran en masa a la isla, los precios empezaron a subir gradualmente. Parecía habitual que aparecieran proyectos de construcción de hoteles multimillonarios en La Habana, Varadero, Cayo Santa María y Ramón de Antilla. Sin embargo, el número de turistas estadounidenses que se preveía fue severamente sobreestimado, ya que el presidente Trump revirtió algunas de las políticas del presidente Obama hacia Cuba. Esta reversión de la política también coincidió con el aumento de las sanciones debido al Síndrome de La Habana que afectó al personal diplomático canadiense y estadounidense, afectando a la capacidad auditiva de los diplomáticos. Otros retrocesos políticos posteriores a Obama que tuvieron un impacto negativo son las sanciones a Venezuela que provocaron escasez de combustible y alimentos en Cuba, y la prohibición de que los cruceros atraquen en el puerto de

La Habana, lo que impidió que millones de estadounidenses visitaran la isla (Sarah Marsh, 2019).

La situación ha provocado una ralentización de la economía cubana, afectando especialmente al sector turístico. Los clientes canadienses fieles y recurrentes ya no tienen los mismos incentivos para viajar a Cuba porque los precios de las vacaciones están casi a la par con los de México, República Dominicana y Jamaica, pero con menor calidad de servicio y comida y bebida.

Otra razón es que la conversión de dólares canadienses a pesos cubanos no es favorable para los turistas canadienses debido a la reducción del poder adquisitivo, lo que convierte a Cuba en un destino caro e inviable. Lamentablemente, las autoridades de Cuba no han abordado el tema de la conversión de divisas para hacerlo más favorable a sus mayores clientes turísticos, ni han tomado medidas correctivas para mejorar la calidad de la comida y los servicios en los hoteles. El gobierno cubano no puede permitirse el lujo de cambiar o devaluar el CUP porque esto supondría una menor reserva de divisas en el banco central cubano, que Cuba necesita urgentemente para mantener a flote su maltrecha economía.

Otro factor a considerar es la diferencia en el trato a los ciudadanos cubanos frente a los extranjeros. Tengo muchos amigos canadienses que han sufrido retrasos en el registro de entrada en los hoteles y no han recibido el mismo nivel de trato una vez que se han alojado en los hoteles con su pareja cubana. Cuando un ciudadano cubano se registra en un hotel con un ciudadano extranjero, el gobierno cubano, a través de su sistema de aparato de seguridad, realiza una verificación de antecedentes. El documento de identidad de los nacionales cubanos se utiliza para confirmar si el nacional cubano se ha registrado previamente con otros extranjeros en diferentes hoteles o casas particulares. Además, la recepción del hotel suele remitir los datos del nacional cubano a un centro de seguridad, que a su vez otorga al nacional cubano el derecho a entrar o no en el hotel. Este sistema se aplica supuestamente para evitar la prostitución y para que los nacionales cubanos no acaben con varios extranjeros. Este sistema no se aplica si dos personas cubanas quieren registrarse juntas o si una persona cubana se ha registrado con otros nacionales cubanos. Por lo tanto, existe un doble estándar que no aborda el problema central de la prostitución en Cuba, sino que provoca retrasos y degradación del servicio para las parejas que no se dedican al acto de la prostitución.

Otra queja común de las parejas cubano-extranjeras es que el personal de seguridad del gobierno cubano que se encuentra en los hoteles a veces aborda en privado a los trabajadores, camareros y camareras en relación con un cliente de nacionalidad cubana. Normalmente se investiga más a las mujeres que a los hombres. El personal de seguridad suele preguntar al personal si han visto al huésped cubano con otros extranjeros antes. Como el personal de seguridad va vestido con ropa informal, es difícil distinguirlo de los huéspedes habituales del hotel. Su objetivo es controlar la prostitución, pero en realidad parece que crean desconfianza y falta de privacidad. Lo sé porque uno de mis amigos vio de primera mano cómo la seguridad se dirigía a un camarero que resultó ser el vecino del cónyuge de mi amigo. Otro amigo me contó la historia de cómo uno de sus familiares instaló cámaras de seguridad en los hoteles y, según él, hubo casos anteriores en los que el personal de seguridad cubano había instalado cámaras ocultas en las habitaciones de los hoteles para vigilar las actividades de los huéspedes. Aunque no puedo verificar de forma independiente esta afirmación, de ser exacta, se trataría de una clara violación de las leyes internacionales de privacidad y de las políticas de los hoteles.

Otro relato de primera mano de un amigo es la práctica de revisar las maletas de los extranjeros cuando no están en la habitación. Al parecer, como parte de la concesión de una licencia de alquiler de *casas particulares*, el departamento de turismo organiza mini sesiones de formación para los propietarios, y durante las sesiones de formación, se sugiere al propietario que registre las habitaciones de los huéspedes. En otras palabras, se espera que los propietarios de los lugares de alquiler entren en las habitaciones de sus huéspedes, abran sus maletas y vean si hay algún objeto sospechoso. Incluso se les dice que revisen los cubos de basura. Concluyó, y cito: "¡Imagínense que tienen un enemigo en su casa!" refiriéndose al huésped extranjero como el enemigo. Con esto, básicamente estaba llamando a los turistas el enemigo y apoyando el hecho de que los propietarios del lugar de alquiler no deberían confiar en los huéspedes y deberían denunciar cualquier cosa sospechosa al Estado. Desde el punto de vista de la eficiencia operativa, es interesante pensar en cómo podría mejorar la calidad de los servicios de los hoteles y las *casas particulares* si los responsables dejaran de perder el tiempo registrando las habitaciones, rastreando a los huéspedes y comprobando sus antecedentes.

Los retos actuales en materia de sanidad, turismo y agricultura y producción de alimentos están afectando a las decisiones de la vida cotidiana de los cubanos. Desde un punto de vista externo, se puede concluir que la causa fundamental de estos retos es la mala gestión de la economía cubana por parte del Gobierno. Otro punto de vista puede promover la idea de que la única razón de estos desafíos es el embargo impuesto por Estados Unidos. En el próximo capítulo se explicarán las causas fundamentales de las actuales realidades socioeconómicas de Cuba.

CAPÍTULO V: *EL BLOQUEO EXTERNO E INTERNO Y SUS IMPACTOS EN LA SOCIEDAD CUBANA*

Es un hecho conocido que Estados Unidos impuso un embargo financiero y comercial a Cuba tras la revolución socialista de 1959. Desde la perspectiva estadounidense, la razón de las sanciones fue la nacionalización de activos y empresas estadounidenses sin compensación por parte del gobierno cubano. El bloqueo estadounidense continúa hasta hoy, y en el momento de escribir este libro, este bloqueo se aplica a través de varias leyes (o actos del Congreso).

Una de las leyes que hacen cumplir el bloqueo es la "Ley de Comercio con el Enemigo", que autorizó la imposición de sanciones a Cuba en 1962 por tres razones: la falta de compensación a Estados Unidos por la nacionalización de propiedades y activos estadounidenses en Cuba, la invasión de Bahía de Cochinos y la crisis de los misiles cubanos.

La otra ley destacada es la infame "Ley de Libertad Cubana y Solidaridad Democrática de 1996", también conocida como Ley Helms-Burton porque fue presentada por el senador republicano de Carolina del Norte, Jesse

Helms, y por el representante republicano de Indiana, Dan Burton. Esta ley intentaba prohibir a las empresas internacionales no estadounidenses hacer negocios con Cuba, sometiéndolas a acciones legales y prohibiendo a sus dirigentes la entrada en EE.UU. Esta prohibición de entrada tuvo un gran impacto en los principales accionistas de las empresas que hacen negocios con Cuba. Esta disposición particular de la ley pretende obligar a las empresas a considerar sus cantidades de comercio y transacciones con Estados Unidos en comparación con las realizadas con Cuba y, en última instancia, a elegir entre hacer negocios con Estados Unidos o con Cuba (Frank, El endurecimiento de las sanciones de Estados Unidos hace que Cuba sea cada vez más difícil para las empresas occidentales, 2019).

Sherritt International es una empresa minera canadiense con sede en Toronto que tiene una operación conjunta con el gobierno cubano en la mina de níquel Pedro Soto Alba en la región de Moa, ubicada en la provincia oriental de Holguín. En 1996, el gobierno estadounidense prohibió la entrada a Estados Unidos de los altos ejecutivos y sus familias debido a la relación comercial de la empresa con Cuba. En 2019, problemas importantes comenzaron a golpear a Sherritt International. Se enfrentaron a desafíos operativos debido a la escasez de combustible en la mina de Moa y comenzaron a tener problemas con las cuentas y los pagos por cobrar debido a las sanciones de Estados Unidos. De hecho, la mina de níquel de Sherritt tiene una reclamación certificada de 88,3 millones de dólares (cerca de su capitalización bursátil en 2020) ya que el gobierno revolucionario expropió la mina de Moa en 1960 a una empresa estadounidense de Nueva Orleans, "The Moa Bay Company" (Wicary, 2019). La reclamación es posible en virtud del Título 3 de la Ley Helms-Burton, que da luz verde para demandar a cualquier entidad que trafique con bienes confiscados por el Gobierno cubano.

El embargo, al que los cubanos se refieren como el bloqueo, ha restringido las exportaciones estadounidenses a

Cuba y, como muestra el ejemplo de Sherritt International, restringe la inversión. Como resultado, una empresa con amplias operaciones o presencia en el mercado de Estados Unidos no se arriesgará a perder miles de millones de dólares de negocios con Estados Unidos frente a sólo unos cientos de millones de dólares de comercio con Cuba. Es difícil competir con la potencia económica que es Estados Unidos, con un PIB de casi 20 billones de dólares en 2020, frente a una economía sancionada y controlada por el Estado con un PIB de 100.000 millones de dólares.

El embargo de Estados Unidos ha afectado a la economía cubana durante el último medio siglo, siendo el impacto más pronunciado durante y después del Período Especial. El embargo es una limitación fija en la ecuación económica de Cuba. Sin embargo, durante las últimas tres décadas, los esfuerzos realizados por Cuba para resolver los problemas fundamentales derivados de este embargo han sido insuficientes.

Como se ha comentado en capítulos anteriores, las necesidades de la población, como la disponibilidad de alimentos a precios accesibles, no se han abordado adecuadamente.

En un momento en que el gobierno cubano se enfrenta a una crisis de liquidez, 2.000 millones de dólares anuales salen de la cuenta del Banco Central de Cuba para comprar alimentos que deberían haberse producido internamente. Cuba, con su extenso territorio y su tierra fértil, no ha invertido lo suficiente en la infraestructura para avanzar en la agricultura, ni ha planificado o invertido lo suficiente en la cría de pollos, carne de vacuno y otro tipo de ganado. El aumento de la eficiencia agrícola y la sobreproducción de ganado, granos y vegetales con economías de escala reducirían los precios y asegurarían la disponibilidad de alimentos en abundancia para el pueblo cubano. Cuba podría muy bien mirar a sus socios sudamericanos, como Uruguay, Paraguay y Brasil, y aprovechar las tecnologías y los conocimientos técnicos. Como principales productores de ganado en el mundo, estos países podrían ofrecer un valioso apoyo para ayudar a Cuba a establecer su propia industria y combatir los desafíos relacionados con el clima asociados a la producción de ganado. Esta sería una solución permanente para ayudar a reducir los 2.000 millones de dólares que se gastan actualmente en la importación de alimentos. Además, como Cuba está rodeada de océanos, tiene la capacidad no sólo de satisfacer la demanda en Cuba, sino de ser un exportador líder de pescado. Creo que la limitada disponibilidad de alimentos es una de las principales causas de los problemas socioeconómicos en Cuba. Cuando un porcentaje tan grande del presupuesto se gasta en alimentos, es evidente que este debe ser el primer paso para intentar curar la maltrecha economía cubana.

Podría ser útil presentar una famosa teoría de la psicología que está bien referenciada tanto en los negocios como en la academia para explicar el comportamiento causado por la escasez de alimentos en Cuba. La jerarquía de necesidades de Maslow (Maslow, 1943) es una teoría psicológica de Abraham Maslow que explica cómo los seres humanos priorizamos unos comportamientos sobre otros, e identifica los desencadenantes o condiciones que provocan dichos comportamientos. En esencia, nuestras necesidades determinan nuestro comportamiento. Esta pirámide de necesidades (Figura 3) consta de cinco niveles, lo que indica que para progresar en la jerarquía hay que satisfacer primero las necesidades del nivel inferior.

Figura 3. Jerarquía de necesidades de Maslow

Esta jerarquía de comportamiento explica que primero hay que satisfacer las necesidades fisiológicas antes de pasar a la siguiente capa... las necesidades de seguridad. Posteriormente, hay que tener seguridad antes de pasar al sentido de pertenencia y al amor.

La escasez de alimentos a precios inasequibles en Cuba crea una mentalidad y un motivo para que la gente resuelva primero sus "necesidades fisiológicas", según la jerarquía de Maslow. Por lo tanto, el enfoque principal para la mayoría de las personas sería satisfacer el primer nivel de la jerarquía de necesidades de Maslow, y como resultado, las personas no tienen el tiempo o la energía para centrarse en los niveles superiores de la jerarquía.

Según una investigación realizada y publicada en el Journal of Nutrition, la pérdida de productividad general, el sufrimiento psicológico y la enfermedad son las consecuencias de la inseguridad alimentaria, la falta de un suministro adecuado de alimentos y de variedad (Anne-Marie Hamelin,

1999). La falta de variedad de alimentos a menudo conduce a la desnutrición, porque la gente consume menos verduras y/o reutiliza el aceite frito para ahorrar dinero. El aceite frito reutilizado libera acroleína, que es un compuesto cancerígeno (El uso excesivo de aceite de cocina puede favorecer la progresión del cáncer, 2019). La desnutrición, por supuesto, tiene impactos en la salud, lo que a su vez tiene efectos negativos a corto plazo, mientras que aumenta la probabilidad de ataques cardíacos, cáncer y otras enfermedades a largo plazo. La desnutrición también provoca una inmensa tensión en el sistema sanitario, obligando al gobierno a gastar más en el tratamiento de las personas. Ahí está el dilema. ¿Debe el gobierno priorizar sus inversiones para proporcionar un suministro de alimentos adecuado, diverso y accesible a sus ciudadanos y prevenir enfermedades como el cáncer? ¿O gastar el dinero en atención sanitaria para tratar a los pacientes?

Es primordial que Cuba logre la autosuficiencia alimentaria para abordar estos problemas subyacentes. No debería ser difícil. La autosuficiencia alimentaria es algo que está en consonancia con las características de un Estado socialista, y debería ser una prioridad.

Aparte de los retos en torno a la autosuficiencia alimentaria, la infraestructura necesaria es desastrosa. Los desplazamientos dentro del país están restringidos y son muy costosos, sobre todo por la escasez de combustible, las limitaciones del transporte interurbano disponible y la falta de infraestructuras generales. Como ya se ha comentado, los elevados costos de transporte repercuten directamente en los precios de los productos que los agricultores venden en las ciudades. Recientemente se ha intentado reactivar el sistema ferroviario en Cuba con ayuda de China. También se ha planteado la idea de crear un tren de alta velocidad de La Habana a Varadero con ayuda de los ferrocarriles rusos (Mario Fuentes, 2019). Sin embargo, no existe un plan concreto y a largo plazo para mejorar la infraestructura de transporte del país (Carlos A. Penin y Sergio Alfonso, 2009).

Debido a las sanciones, la compañía aérea nacional de Cuba, Cubana de Aviación, no dispone de suficientes aviones para cubrir las necesidades nacionales, y los aviones suelen sufrir retrasos, o los vuelos internos suelen cancelarse para dar prioridad a los vuelos internacionales. La principal carretera del país (La Carretera Central), que va desde el extremo oeste al extremo este, está en un estado desastroso. La autopista es algo funcional desde La Habana hasta la ciudad de Santa Clara, pero a medida que uno se acerca a Santa Clara, no hay división entre el tráfico en el mismo sentido y el que viene en sentido contrario, lo que hace imposible distinguir en qué lado de la autopista se está. Después de la ciudad de Santa Clara, el gobierno se quedó sin dinero y decidió dejar la carretera como un camino rural de dos carriles, que continúa durante 600 km (370 millas) hasta Santiago de Cuba. La carretera no tiene ningún mantenimiento y, de vez en cuando, el conductor tiene que zigzaguear para evitar los baches. Muchas personas han muerto a causa de accidentes en esta estrecha carretera, que los agricultores y otros vehículos se ven obligados a compartir.

No es solo el sector del transporte el que necesita urgentemente una mejora de las infraestructuras, ya que casi todos los sectores de la economía cubana necesitan una renovación. Aunque el embargo perjudica a la economía cubana, los cubanos también se han sancionado a sí mismos al no intentar superar algunos de los principales problemas que habrían aliviado potencialmente el dolor de las sanciones estadounidenses. Esta autosanación se denomina "bloqueo interno".

Los bloqueos externos e internos han impactado tanto en la sociedad cubana como en los valores socioeconómicos. Volviendo a la jerarquía de necesidades de Maslow, la sociedad necesita satisfacer las necesidades fisiológicas de alimentación, vivienda adecuada, ropa y agua para poder pasar al siguiente nivel. El siguiente nivel en la jerarquía de Maslow es la seguridad, que incluye la seguridad en el empleo que compensa y motiva a la persona para poder cubrir sus gastos diarios. Ciertamente, la necesidad fisiológica y las necesidades de seguridad/protección son el requisito previo para pasar a la siguiente jerarquía, que es el sentido de conexión y familia. Lamentablemente, debido principalmente a la limitación en la satisfacción de los dos primeros escalones esenciales en la jerarquía de Maslow, la mayoría de las familias están rotas, y la tasa de divorcio en Cuba es una de las más altas del mundo (DePaulo, 2019).

Además, los problemas asociados a los dos primeros escalones esenciales de la jerarquía de Maslow no pueden ser abordados de una generación a otra, porque los cubanos no tienen los medios para acumular riqueza durante su vida. Como resultado de los bajos salarios medios y los altos gastos en Cuba, la gente simplemente no puede ahorrar dinero o acumular riqueza a través de varias clases de activos y transferir sistemáticamente la riqueza de una generación a la siguiente. En otras palabras, las generaciones anteriores no pueden acumular riqueza debido a sus bajos salarios, y el único activo tangible valioso que pueden transmitir es la casa familiar.

La falta de gasto adecuado en las infraestructuras agrícolas y de transporte en Cuba obliga a la gente a pasar un alto porcentaje de su vida diaria luchando por garantizar la alimentación de sus familias y por desplazarse de un lugar a otro. Estas tareas quitan mucho tiempo a los cubanos y no les dan la oportunidad de centrarse en la creación de negocios o inventos esenciales que podrían beneficiar a sus familias y a su país. En otras palabras, a los cubanos no les queda tiempo ni energía para centrarse en otras prioridades que no sean las que debería haber resuelto el gobierno: lo esencial. Esta situación repercute en las decisiones cotidianas que toman los cubanos sobre qué profesión deben seguir, qué aspiraciones deben tener y qué hacer para sobrevivir. Debido a las limitadas oportunidades en Cuba, las opciones de las personas también suelen ser limitadas. Como resultado, puede que no desarrollen todo su potencial o no utilicen sus talentos para contribuir a la sociedad. En consecuencia, los Bloqueos Externos e Internos repercuten no sólo en la situación económica del país, sino también en la sociedad cubana en su conjunto.

He conocido a muchas personas que tienen que lidiar frecuentemente con las limitaciones causadas por los bloqueos. Hay historias de perseverancia, esperanza, desesperación, éxito y fracaso en todo el país. Me he encontrado con muchas historias reveladoras de diferentes partes de Cuba, pero hay dos que se destacan, que me han tocado profundamente y dan una idea de los efectos de estos bloqueos. Me gustaría sacar a la luz las historias de dos mujeres jóvenes que demostraron un enorme valor y perseverancia. Para preservar su privacidad, las llamaré María y Bárbara.

María es una joven que vive en la provincia oriental de Holguín, en uno de los municipios más pequeños de esta provincia. Su madre es una trabajadora de una fábrica de cigarros con un salario de 42 dólares mensuales y su padre es un trabajador de la construcción para el Estado. Su padre, que intentó diversificarse y montar su propio negocio de reformas de viviendas, sólo consiguió uno o dos contratos. Como la familia de María vive en un municipio pequeño, no hay mucho trabajo, ya que la mayoría no tiene dinero ni siquiera para reparar elementos menores en sus casas. Incluso si tuvieran el dinero, el padre de María no ganaría más de 100 dólares al mes, de los cuales tendría que pagar más del 25% al gobierno debido al impuesto de licencia. La familia depende de las remesas de la hermanastra de María, Ana, que salió del país para ayudarles económicamente. En el momento de escribir este libro, la familia de María puede comprar su comida con las necesarias remesas enviadas por la hermanastra de María, pero recibirlas se ha vuelto cada vez más difícil debido al aumento de las sanciones a Cuba y al cierre de las sucursales de Western Union en todo el país.

Sin embargo, incluso con las remesas del extranjero, la familia no puede comer pollo o carne con frecuencia, y en su lugar, recurren al arroz, la mayonesa, los frijoles y los plátanos. Aunque sigue siendo un reto, la situación económica de la familia es mucho mejor que hace cinco años, cuando Ana aún vivía en Cuba. Ana, que ahora vive en España, se crió en un entorno muy diferente al de María, ya que conseguir comida durante el Periodo Especial era un reto para una familia sin fuentes de ingresos y que a veces se quedaba sin cenar. Por ello, Ana, a los 16 años, se trasladó a La Habana para buscar la manera de ayudar a su familia, que no tenía dinero. A su llegada a La Habana, Ana, de 16 años, encontró un trabajo que a menudo le pagaba el doble del salario de un trabajador de fábrica en un día. Era un trabajo que ha existido desde el principio de los tiempos, y es la profesión más antigua del mundo. La Habana era el lugar ideal para su trabajo, ya que se considera el primer destino de los turistas extranjeros en Cuba. Las horribles historias asociadas a su trabajo, que no voy a detallar aquí, han tenido un tremendo impacto psicológico en Ana. Ansiedad, depresión, pensamientos suicidas y falta de interés y motivación fueron algunos de los muchos traumas que afectaron a su estado emocional.

Estos impactos estaban siempre presentes hasta que Ana conoció a un hombre europeo mayor de 70 años que se enamoró de ella y acabó casándose con ella. Finalmente encontró la manera de salir del país y entrar en Europa, donde obtener un visado es casi imposible si no tienes un trabajo oficial o una propiedad a tu nombre. Si eres una mujer joven, la probabilidad de obtener un visado es aún menor. Desde entonces, Ana ha montado su propio negocio en Europa mientras mantiene a su familia de cinco miembros en casa. Ana es la razón por la que su hermana puede ahora ir a la escuela de medicina en lugar de preocuparse por las dificultades financieras que una vez afectaron a su familia cuando Ana era joven.

María siempre tuvo la visión de convertirse en médico y viajar al extranjero en una misión médica. Quería ser médico, no solo por el prestigio social o el salario ligeramente más alto o las ventajas que el gobierno cubano suele ofrecer a los médicos, sino porque cree en ayudar a la gente y salvar vidas. María, que actualmente estudia el último año de medicina, ha pasado por retos muy duros como estudiante de medicina, incluido el hecho de ir andando a su facultad, que no está cerca, bajo un sol ardiente. Un ejemplo de la determinación de María es la vez que sus bolígrafos, proporcionados por el gobierno, se quedaron sin tinta. Para poder hacer el trabajo que se le exigía, escribir en las carpetas de los pacientes, se compró bolígrafos ahorrando el dinero que debería haberse gastado en comida. En mi opinión, este era el menor de sus retos como estudiante de medicina. El mayor problema que vi es que María no tenía guantes médicos durante los exámenes médicos, por lo que reutilizaba y reesterilizaba constantemente los guantes utilizados anteriormente. A veces, durante su formación en el hospital, tenía que realizar exámenes sin guantes. Como resultado, las manos de María se infectaron con "tinea manuum" o infección de dermatitis por hongos debido a su incapacidad para protegerse durante un examen médico.

Lo creas o no, la cosa no acaba ahí. Cuando María llega a casa del trabajo, tiene que compartir habitación con su sobrino. Tiene que estudiar en la cama de su casa, que no tiene aire acondicionado. No tiene intimidad para estudiar y le resulta difícil concentrarse en sus proyectos en el campo de la medicina, que es muy exigente. Para empeorar las cosas, no puede comprarse un computador portátil para hacer sus tareas, y si pudiera comprar uno, no hay ninguna tienda oficial que venda computadores portátiles en su ciudad. Por ello, tiene que recurrir a su hermana desde el extranjero. La madre y el padre de María priorizan la comida y dan más raciones a María y a su sobrino para que puedan centrarse en sus estudios y salir adelante. A veces, incluso con la ayuda de Ana, la familia de María no podía permitirse comprar todas sus necesidades. La vida podría haber sido más difícil para María y su familia si no fuera porque Ana les apoya desde Europa. A pesar de estos obstáculos, ha obtenido las mejores notas de su clase y ha participado en eventos culturales y concursos de baile culturales organizados por su universidad. Su objetivo es convertirse en una de las mejores oftalmólogas de todo el país.

Desgraciadamente, debido al bloqueo interno y a la falta

de infraestructuras y planificación económica en las provincias orientales de las que proceden María y Ana, no hay oportunidades de empleo, crecimiento o prosperidad económica. La falta de oportunidades y la desnutrición fueron el motor que impulsó a Ana a trasladarse a la parte occidental del país, más próspera, en este caso a La Habana, para convertirse en trabajadora sexual. La falta de planificación económica también ha provocado la falta de disponibilidad de suministros básicos en los hospitales. Garantizar artículos esenciales y de bajo costo es primordial, ya que artículos como bolígrafos y guantes médicos son las herramientas que los doctores, internos y personal médico necesitan para realizar su trabajo diario.

Luego tenemos a Bárbara, una madre soltera que se separó de su novio un año después de que naciera su hija. Cuando tenía 17 años, se enamoró de su entonces novio, un taxista, y se mudó de su casa para vivir con él. En Cuba, durante el auge del turismo a principios de 2000, cualquiera que tuviera un vehículo podía solicitar una licencia de taxi.

Bárbara, que era una talentosa música en sus años preuniversitarios, dejó su carrera cuando su nuevo novio, que resultaba ser 15 años mayor que ella, la convenció de que no continuara sus estudios porque la necesitaba más en casa para ocuparse de las tareas domésticas. Él se apresuró a mencionar que su carrera de música y canto no le iba a dar dinero a largo plazo en comparación con lo que él ganaba. Le dijo que no perdiera el tiempo porque no iba a ganar nada de todos modos, ya que ella ganaba un sueldo mensual que su novio ganaría en dos horas.

Desgraciadamente, al ser joven, ingenua y fácilmente influenciable por el amor de su vida, no continuó sus estudios universitarios, que en Cuba son gratuitos. A pesar de los duros desacuerdos de sus padres y de las críticas que le hacían por dejar sus estudios universitarios, Bárbara optó por vivir en casa de su novio. La relación de Bárbara empezó a cambiar sólo después de un año de vivir con él. Su novio la maltrataba física, emocional y sexualmente y este comportamiento se agravaba a medida que consumía alcohol.

Bárbara intentó escapar de la casa de su novio muchas veces y volvió a la casa de sus padres, pero los padres de Bárbara, sin saber la verdad, la obligaron a volver a la casa de su novio. Los abusos ocurrían a diario y eran una realidad que ella consideraba parte de su vida. Era como si ahora estuviera condicionada a aceptar esta forma de vida tóxica como algo normal.

La tendencia de estos abusos continuó hasta que Bárbara, que estaba pasando por una fuerte depresión, tuvo un avance, un avance que ocurrió cuando se quedó embarazada de su hija. Bárbara estaba planeando su huida justo antes de quedarse embarazada, pero esta vez no pensaba volver a casa de sus padres. En su lugar, eligió escapar a otra provincia. El maltrato psicológico continuó durante todo el embarazo. Finalmente consiguió escapar del maltrato y volvió a casa de sus padres con su hija, pero una noche, su novio borracho apareció con un cuchillo, amenazando a toda la familia de Bárbara. La situación llegó a un punto en el que Bárbara tenía miedo de salir de su casa, por lo que acudió a la policía en busca de ayuda. La policía había puesto supuestamente una orden de alejamiento contra el ex novio de Bárbara, que él seguía violando a diario sin ninguna consecuencia por parte de la policía. Incluso después de varios intentos de acercarse a la policía, su respuesta fue: "Por favor, búscate otro hombre que vaya a dar una lección a tu novio maltratador, para que no vuelva a abusar de ti".

Desde entonces, ha superado con valentía muchos de sus miedos y depresiones gracias a los años de terapia. Bárbara ha montado su propio negocio en casa, y su hija ha empezado a centrarse en la música en la escuela secundaria. Como pasatiempo, Bárbara está planeando formar una banda con sus antiguas compañeras del preuniversitario que ahora son cantantes profesionales para producir su disco y comercializar su música a nivel nacional.

Estas son dos historias que me han conmovido personalmente, y felicito a estas valientes mujeres. Demostraron la valentía de recuperarse, la valentía de volver a levantarse y la valentía de tener un punto de ruptura y decir basta. Bárbara, Ana y María se atrevieron a seguir adelante y a superar sus retos sin tener ni idea de la dirección que iba a tomar la vida. Demostraron una gran fortaleza al seguir adelante y superar los miedos y las dificultades, a pesar de que las leyes que protegían a estas valientes mujeres no se aplicaban plenamente.

El sistema jurídico norteamericano ha creado un entorno en el que los derechos de las mujeres están protegidos por una aplicación correcta e imparcial de la ley. La evolución de nuestras leyes y, lo que es más importante, su aplicación, ha limitado los abusos y ha defendido los derechos de las mujeres, algo que a veces podemos dar por sentado.

Aunque en Cuba existen normas y reglamentos estrictos, no se aplican de forma coherente, equitativa y uniforme. En estos dos ejemplos, la ley para proteger a una mujer de su novio maltratador existía pero no se aplicaba adecuadamente. La sugerencia del agente de policía de externalizar su deber diciéndole a Bárbara que se busque otro novio que la defienda es simplemente inaceptable. Hay otras situaciones en las que las leyes existen pero no se aplican a fondo. Por ejemplo, en Cuba, dado que la edad de consentimiento es de 16 años, ha habido casos (predominantemente en el campo) en los que hombres mayores de 50 años mantuvieron relaciones sexuales con menores de 16 años o incluso más jóvenes.

La ley y el orden no son importantes sólo porque sean correctos o socialmente justos. El estado de derecho y unas instituciones fuertes son vitales para proteger los derechos de propiedad, y esenciales para el éxito de los negocios y la propiedad de la tierra. Un gobierno capaz de garantizar el pleno cumplimiento de las leyes minimizaría el riesgo de hacer negocios en Cuba, lo que, a su vez, atraería la inversión. En Cuba, la ley de la propiedad y de los negocios existe, pero no se aplica plenamente. Cuba ha realizado mejoras graduales para crear un entorno en el que puedan formarse empresas privadas, permitiendo la compra y venta de casas en 2011.

En el futuro, a medida que Cuba se abra gradualmente a más inversiones, los derechos de propiedad y de empresa serán clave para atraer y mantener a los inversores. Como se ha comentado anteriormente, el Título 3 de Helms-Burton permite que las empresas cuyas propiedades fueron confiscadas durante la revolución puedan demandar a cualquier entidad que utilice sus propiedades en Cuba. La activación del Título 3 de la Ley Helms-Burton da luz verde a un demandante certificado o a un nacional estadounidense, o a un demandante no certificado de un nacional cubano que posteriormente se convierta en ciudadano estadounidense (Ley, 1996). La activación de esta ley ha obstaculizado a las empresas que quieren hacer negocios con Cuba y ha presionado a Cuba para que abra gradualmente sus puertas a los negocios. Sin embargo, a pesar de los retos actuales a los que se enfrenta Cuba, garantizar que los derechos de propiedad se respeten y apliquen plenamente creará un entorno positivo para futuras oportunidades de negocio e inversión extranjera.

En resumen, la presión sobre la economía cubana no se debe únicamente a razones externas como las sanciones, el bloqueo o la Ley Helms-Burton. Sin duda, Estas han causado graves impactos negativos en la economía y han hecho la vida difícil a los cubanos. Es evidente que el bloqueo sitúa a Cuba en un terreno de juego desigual en el escenario empresarial internacional.

Así como el bloqueo externo causa dolor a Cuba, ciertamente existe también un bloqueo interno. Abordar el bloqueo interno es importante para crear un cambio significativo. El análisis de sus consecuencias, que han afectado a la infraestructura, las leyes y las oportunidades de negocio de Cuba, es el objetivo de esta sección. A continuación, nos sumergimos en algunas soluciones plausibles que pueden aplicarse para que Cuba vuelva a ser la isla joya del Caribe.

CAPÍTULO VI: RECOMENDACIONES PARA LA RECUPERACIÓN ECONÓMICA

"La crítica es el ejercicio del criterio: destruye los ídolos falsos, pero conserva en todo su fulgor a los dioses verdaderos".

José Martí

Definitivamente hay una falta de visión de futuro que parece estar frenando a Cuba. Una vez tuve un tutor profesional que me preguntaba qué quería ser de mayor. Me sorprendió la pregunta porque, en ese momento, yo era estudiante de maestría en ingeniería y al mismo tiempo trabajaba en BlackBerry. No obstante, le pedí consejo, porque quería seguir progresando en mi carrera. Quería un cambio que me hiciera avanzar, pero me faltaba la visión para elaborar un plan concreto. El objetivo de la pregunta de mi tutor era ponerme en situación de pensar en mi visión de futuro y en dónde debía aprovechar mis habilidades para ser competitivo y alcanzar mis objetivos.

Tener una visión es el paso más fundamental para crear el cambio, ya que esa visión se convertirá en la razón por la que el cambio es necesario. La justificación del cambio, a su vez, conduce al desarrollo de un plan. Aplicando el mismo concepto a Cuba, creo que la cuestión más fundamental no son las sanciones o los problemas económicos, sino la cuestión general de lo que Cuba quiere para su futuro.

Desde la perspectiva del gobierno, la visión actual de Cuba implica el mantenimiento de un sistema económico socialista y la capacidad de tomar sus propias decisiones independientes sobre sus asuntos, libre de influencias y dominación externas. La pregunta apremiante es: ¿se mantiene esta visión y es una forma sostenible de crear un futuro próspero para Cuba?

¿Es la visión actual de Cuba para su economía continuar con el mismo patrón de racionamiento de alimentos, donde no hay un suministro adecuado de pollo, leche u otros productos necesarios para su pueblo? ¿Es la visión proporcionar una supuesta asistencia sanitaria gratuita que no cubre las necesidades básicas y anima a la gente a deslizar un billete de 5 o 10 dólares por debajo de la mesa para saltarse las largas colas del hospital y obtener un mejor servicio? ¿Es la visión de gastar millones de dólares en educación gratuita y no cosechar los beneficios del enorme talento que tiene Cuba? ¿Es la visión de gastar el 12,8% de su PIB anualmente en educación mientras la población educada no puede encontrar un trabajo en su campo, forzando la fuga de cerebros, y aún así esperar mejorar las industrias con un número reducido de profesionales capacitados? ¿La visión es seguir exportando artículos que no tienen ninguna ventaja competitiva en el mercado mundial?

Cuba necesita preguntarse si repetir las mismas soluciones de curita y perpetuar el status quo una y otra vez y esperar resultados diferentes conducirá a un mejor resultado para su economía.

La visión actual de Cuba tiene muchas deficiencias, a pesar de que el gobierno ha intentado sortear el embargo e improvisar decisiones económicas sobre la marcha. Por ejemplo, las inversiones en infraestructuras no están diversificadas en otros sectores de la economía, por lo que Cuba depende de las remesas familiares extranjeras y de la recarga de teléfonos móviles, que constituyen aproximadamente el 5% de su PIB. Además, el PIB per cápita ronda los 8.000 dólares, mientras que el trabajador medio se lleva a casa 42 dólares al mes. Tampoco existe un plan coherente para modernizar o reparar las infraestructuras. El gobierno renovará, pintará y limpiará las estructuras de las zonas turísticas o los edificios que rodean la carretera por la que pasa el automóvil del Papa Francisco en una visita, pero las familias que viven a dos calles de distancia no ven el dinero para poder hacer un lavado de cara en su casa o su barrio.

Parece que se trata de mostrar una visión y unas infraestructuras de calidad más que de tenerlas realmente. Cuando el presidente cubano visita una escuela, no es raro que el director de la escuela y otros directivos se aseguren de que todo parezca perfecto, buscando no revelar al presidente la verdad sobre las deficiencias, como los niños que se desmayan por desnutrición. La visión actual se parece a anunciar un hotel como de cinco estrellas y cobrar precios de cinco estrellas mientras se presta un servicio de una estrella. En definitiva, está claro que el actual status quo no ha dado lugar a un giro positivo de la economía cubana, ni tiene un impacto positivo en el actual estado sociocultural cubano.

Hasta ahora, las soluciones económicas globales de Cuba no han sido concretas, salvo la decisión de abrir el país al turismo por necesidad desesperada durante el Periodo Especial. Las soluciones a los problemas económicos han sido hasta ahora soluciones de tipo parche en las que algo se rompe, y aplican un arreglo temporal en lugar de centrarse en el problema fundamental. Por eso es aún más importante intentar conseguir la autosuficiencia y satisfacer las necesidades esenciales del país.

Durante la época soviética, Cuba disfrutaba de subsidios y ayuda de la Unión Soviética, que le proporcionaba petróleo para sus necesidades energéticas y maquinaria dependiente del petróleo para fines agrícolas e industriales. Esta ayuda de la Unión Soviética, que en su día fue muy buena para Cuba, creó una sociedad dependiente del petróleo. La dependencia energética del país se manifestó realmente durante el Período Especial tras el colapso de la Unión Soviética, cuando la Federación Rusa detuvo el envío de petróleo a Cuba. La escasez de combustible hizo que la electricidad no se generara al nivel que se demandaba, lo que provocó frecuentes apagones en todo el país. Y lo que es más importante, la escasez de combustible afectó a la producción de alimentos en las granjas de Cuba porque no había gasolina para hacer funcionar los vehículos agrícolas. Esto es como quitarle el sol al planeta. En este caso, quitar la principal fuente de energía, el petróleo, provocó apagones, escasez de alimentos, hambruna masiva y el cierre de fábricas. La escasez de gasolina también paralizó el sistema de transporte, lo que provocó un tiempo medio de espera de dos horas en cada dirección solo para llegar al trabajo. El Periodo Especial obligó a Cuba a tomar algunas decisiones muy audaces en cuanto a la apertura al turismo, la oferta de tierras de cultivo a los agricultores de forma gratuita y la fabricación de pesticidas orgánicos. El Periodo Especial obligó a la gente a utilizar sus tejados y jardines para cultivar verduras y criar ganado, principalmente pollos y cerdos. La gente estaba obligada a ser inventiva y crear sus microgranjas ecológicas.

Un gran momento de la historia ocurrió en 1998, hacia el final del Periodo Especial (1991-2000). El choque económico del Periodo Especial se estaba estabilizando, y Cuba empezó a mejorar su relación con el recién elegido presidente socialista de Venezuela, Hugo Rafael Chávez Frías.

Venezuela había suministrado petróleo crudo a Cuba en el marco del programa "Petróleo por Médicos", a través del cual Cuba envió a más de 30.000 médicos y dentistas a trabajar y formar al personal médico de Venezuela a cambio de petróleo, que Cuba necesitaba urgentemente para mantener a flote su maltrecha economía. Sin embargo, tras el fallecimiento de Chávez, la caída de los precios del petróleo, que pasó de más de 100 dólares por barril en junio de 2014 a poco menos de 30 dólares por barril en febrero de 2016, había impactado en la economía de Venezuela y provocado una hiperinflación masiva. En 2019, debido al aumento de las sanciones de Estados Unidos a Venezuela, se redujo ligeramente el envío de petróleo a Cuba, lo que había provocado largas colas en los surtidores de las ciudades cubanas, frecuentes cortes de electricidad, reducciones en la producción de las fábricas e interrupciones en el transporte por la escasez de combustible. El suministro se repuso más tarde, a pesar de que Venezuela estaba atravesando su propia crisis económica.

Esta serie de acontecimientos demuestra que, al igual que la mayoría de los países del mundo, uno de los mayores problemas de Cuba es un problema energético, en el que solo un pequeño fallo en el suministro de petróleo puede provocar largas colas en las gasolineras y paradas en las fábricas. El consumo diario de petróleo en Cuba ronda los 172.000 barriles (Estadísticas y Análisis Independientes, 2016), con una producción interna de casi 50.000 barriles diarios en la provincia de Matanzas (Administración, 2015). Debido a que Cuba tiene que importar petróleo de Venezuela, cualquier interrupción en el suministro de energía puede resultar en problemas económicos para el país.

Esta dependencia energética ha influido en las decisiones de política exterior de Cuba, concretamente con Venezuela e históricamente con la antigua Unión Soviética. Aunque Cuba es consciente de esta dependencia, la decisión de autoabastecerse no ha estado en el primer plano de sus iniciativas políticas. Hay planes para generar el 24% de sus necesidades de electricidad a partir de fuentes renovables para el año 2030 (Vermeer, 2017), lo cual es un paso en la dirección correcta, pero todavía no es suficiente en este momento.

Aunque no es posible eliminar la dependencia energética, sí es posible tomar medidas para reducirla y prepararse para tener más capacidad en previsión de la futura expansión económica. La independencia y la búsqueda de un futuro mejor han sido siempre el sueño del pueblo cubano. Creo que Cuba debe centrarse en abordar los problemas que son fundamentales para el éxito y la autosuficiencia del país, lo que en última instancia creará un futuro próspero.

Las sanciones existen, y sí, los tiempos han sido difíciles. La energía es sin duda un problema importante. Pero la cuestión fundamental sigue siendo: ¿Cuál es la visión de Cuba para su futuro? ¿Qué tipo de actor quiere ser en el altamente competitivo mercado global? ¿Cómo puede rescatarse de la crisis económica sin poner en peligro sus valores, su integridad y su dignidad? No se trata de comparar el socialismo con el capitalismo ni de proponer un modelo de recuperación similar al de Vietnam. Un nuevo modelo económico sólo llega después de decidir los fundamentos de lo que se quiere ser como sociedad.

Creo que los ciudadanos cubanos deben tener un papel en la elección de las políticas y los asuntos que conducirán a una nación más próspera, especialmente si tenemos en cuenta cómo el país obtuvo su independencia. Al pueblo cubano le gustaría ver la continuación de la atención médica gratuita para todos, la continuación de la educación gratuita y la separación de la Iglesia y el Estado. Según mis testimonios de primera y segunda mano, a los cubanos también les gustaría ver la continuación de su vibrante cultura musical y de una sociedad en la que las diferentes razas y sexos sean tratados por igual. Sin embargo, les gustaría que se mantuvieran estos aspectos positivos de su economía y vida social, sólo que con una mejora significativa de la calidad de vida, la gestión y las políticas. Con una nueva visión, Cuba tendría una hoja de ruta para volver al nivel que una vez tuvo La Habana, cuando era un actor influyente en el comercio mundial en el siglo XIX. Consolidar una visión, centrarse en el suministro de energía y alimentos e invertir en infraestructuras son pasos en la dirección correcta.

Es importante que la visión de futuro tenga una dirección clara y exija una mayor calidad respecto a las áreas de oportunidad que ya existen en Cuba. Por ejemplo, los programas médicos deben ser de una calidad excepcional, donde los familiares de los empleados no tengan que traer los suministros desde Estados Unidos o Canadá. Como dice el entrenador de fútbol americano Jimmy Johnson, "La diferencia entre lo ordinario y lo extraordinario es ese pequeño extra". Esta visión exige ese pequeño extra. Con ella, estoy seguro de que Cuba puede pasar de ordinaria a extraordinaria.

La visión es una Cuba independiente que se encontrará de nuevo en el escenario mundial y contribuirá a la economía global a través de nuevas y novedosas tecnologías, al tiempo que aumentará la calidad de vida y la prosperidad en Cuba. Uno de los primeros pasos para lograr esta visión es determinar los métodos para combatir la crisis económica de forma inmediata, y abordar fundamentalmente estos profundos desafíos. Para lograr este objetivo, lo primero y más importante es el aumento del PIB del país y una balanza de pagos positiva.[3] En otras palabras, Cuba necesita aumentar sus ingresos y sus exportaciones para poder invertir en su capital humano y sus infraestructuras, y dominar un nicho estratégico en el mercado mundial.

Centrándose en bienes o servicios de alta calidad que puedan producirse a bajo costo, Cuba podría lograr economías de escala y captar la demanda. El producto básico más comercializado del mundo después del petróleo es el café, y Brasil ha encontrado un nicho para convertirse

[3] La Balanza de Pagos de un país se refiere a la diferencia entre el dinero que entra en él y el que sale al resto del mundo en un periodo de tiempo determinado.

en el principal país productor de café. Cuba puede encontrar un nicho similar en los mercados internacionales y dominarlo para aumentar su balanza de pagos. Este concepto funcionó para Brasil con el café y la carne vacuna, y puede funcionar para Cuba en otros campos. (Mano, 2019)

Para lograr la prosperidad y resolver sus problemas económicos actuales, Cuba necesita aprovechar y centrarse en sus ventajas competitivas. Una de estas ventajas es que Cuba tiene un bajo costo de mano de obra, lo que puede resultar en un menor precio de los productos manufacturados en comparación con productos similares fabricados en el mundo occidental. En un sistema económico socialista, los factores elementales que afectan a la producción (el capital, el instrumento de trabajo y la mano de obra) están controlados por el gobierno. En otras palabras, el gobierno invierte el capital y emplea la mano de obra. La remuneración de la mano de obra suele ser menor en comparación con la de las economías de libre mercado, como consecuencia de la justificación de que el gobierno proporciona a sus ciudadanos otros servicios esenciales de forma gratuita (como la asistencia sanitaria gratuita, la educación y la vivienda subvencionada), en los que la mano de obra no necesitaría gastar sus salarios ganados.

Los precios de la mano de obra más baratos en comparación con los de Norteamérica han convertido a la China socialista en la fábrica del mundo. Los costes laborales más bajos de China en comparación con los de Norteamérica y Europa han hecho que los productos manufacturados sean más baratos que cuando se fabrican en Norteamérica o Europa. Cuba puede seguir los mismos pasos que China. Debido a sus menores costes laborales en comparación con los de China, Cuba puede fabricar ciertos productos a un coste más barato y, por lo tanto, puede diferenciarse de sus potenciales competidores en el mercado global.

Dada esta hoja de ruta de utilizar la ventaja competitiva de Cuba para fabricar productos a precios más bajos, Cuba tendrá la oportunidad de dominar el mercado latinoamericano y también penetrar en los mercados de Canadá y la UE. La ubicación geográfica de Cuba y su proximidad tanto a Estados Unidos como a América Latina pueden convertir a Cuba en el centro de fabricación de las Américas.

Para recuperarse con éxito de la actual crisis económica, Cuba debería seguir la hoja de ruta de abordar primero los retos de la alimentación, la sanidad y la energía utilizando los futuros beneficios de las exportaciones de manufacturas. Además, Cuba podría utilizar las manufacturas para producir artículos de primera necesidad de menor coste, como guantes, jeringuillas o maquinaria agrícola, en lugar de pagar divisas para importar estos artículos a precios más elevados.

El siguiente paso en la hoja de ruta para la recuperación económica de Cuba es centrarse en la automatización y la tecnología para garantizar la competitividad en el futuro. En otras palabras, una vez que la inversión en el sector manufacturero empiece a dar sus frutos, es imprescindible pasar a la alta tecnología para seguir siendo competitivos en el futuro, y el camino para ello comienza con la inversión en el sector de las tecnologías de la información (TI).

Esta hoja de ruta propone un vasto potencial económico de Cuba sobre la base del status quo actual, suponiendo que Cuba siga insistiendo en continuar con su economía socialista. El objetivo final de esta hoja de ruta es llevar la prosperidad al país aumentando el PIB, la libertad económica y la calidad de vida de todos los cubanos.

Es importante señalar que el futuro sector manufacturero de Cuba sólo prosperaría en conjunción con la solución de otros problemas económicos, como el suministro de energía y alimentos y el gasto en infraestructuras. No hay un solo componente que haga prosperar una economía, pero es importante que volvamos a hablar de los alimentos, ya que creo que es uno de los principales actores para poner en marcha la economía cubana. El principal problema que afecta al número de cabezas de ganado es la disponibilidad de forrajes, hierba, heno o alfalfa, que son el principal alimento del ganado. La disponibilidad de alimentos depende de la agroindustria cubana, que es muy ineficiente, tanto en términos de infraestructura como de incentivos para los agricultores. Por ejemplo, la falta de disponibilidad de maquinaria moderna para cultivar la tierra ha provocado que en hectáreas de terreno agrícola en Cuba no crezca más que la maleza.

La solución para hacer frente a esta cadena de acontecimientos es una combinación de gasto en infraestructuras, gestión adecuada e incentivos para que los agricultores obtengan beneficios de forma competitiva. No cabe duda de que la disponibilidad de carne de vacuno y leche de alta calidad es un reto, dado el clima tropical de Cuba. Por lo tanto, es necesario llevar a cabo una seria renovación de la infraestructura y la maquinaria agrícola para extraer todo el potencial de las tierras cultivables. Las nuevas inversiones en los sectores agrícolas deben garantizar, en primer lugar, la alimentación del ganado. A continuación, debe asegurar que los ingredientes primarios para la cocina nacional cubana estén garantizados. Esto incluye el cultivo de los alimentos/ingredientes para comidas como el plátano maduro frito, la ropa vieja, el congri (arroz con frijoles), los frijoles, los tamales, la yuca, el ajiaco (sopa). La industria agrícola y agroalimentaria no sólo debe garantizar la producción de los alimentos que satisfagan la demanda mínima, sino que debe aspirar a producir alimentos excedentarios. Además, tiene que haber una planificación adecuada para cultivar verduras orgánicas que contribuyan a una dieta cubana saludable, como la lechuga, el apio, los pepinos y los tomates. También debe hacerse hincapié en mejorar los productos actuales. Esto incluye cítricos, maíz, arroz, yuca, guanábana, café y tabaco.

Establecerse como el centro de producción orgánica del mundo sería una vía fructífera, por la diferenciación frente a los competidores. Como ya se ha comentado, tras el Periodo Especial, Cuba no tuvo acceso a ningún pesticida y recurrió a la fabricación de sustitutos orgánicos frente a las opciones sintéticas convencionales. Existe un enorme potencial y demanda internacional para la agricultura orgánica. Al producir en cantidades masivas, Cuba podría no sólo alimentar a su población sino también exportar, lo que supondría un aumento de los ingresos para el país. La consecución de economías de escala, la reducción de los costes laborales y la proximidad al continente americano se traducirían en una reducción de los costes de producción en general. Aparte del coste, los alimentos llegarían con mayor calidad y frescura al consumidor, ya que la corta distancia entre Cuba y el continente americano evitará que los productos orgánicos perezcan. Como resultado, la inversión en el sector agrícola y la marca de este sector como centro de agricultura ecológica del mundo crearía una situación en la que todos saldrían ganando. Esta situación beneficiosa para todos beneficiaría a la economía y al sistema sanitario de Cuba, ya que los cubanos consumirían más verduras orgánicas y verdes, y la malnutrición podría reducirse debido a la disponibilidad y variedad de alimentos.

La energía es otro reto. La energía no es sólo un problema cubano, sino mundial, ya que la mayoría de los países dependen del petróleo importado. Sin embargo, para reducir la dependencia del petróleo y los combustibles fósiles, muchos países, incluidos algunos de los principales productores de petróleo del mundo, han intentado diversificar sus fuentes de energía y buscar sistemas de producción de energía alternativos y más limpios. Las alternativas a la producción de energía basada en los fósiles son principalmente las fuentes de energía nuclear, solar, eólica y geotérmica. Como Cuba es un país rico en energía, debido a la media de 175 horas de sol al mes, es idóneo para convertir la energía solar en electricidad mediante huertos solares. Dado que Cuba es una isla rodeada de mar, también tiene potencial para extraer energía eólica y convertirla en electricidad. Ya existe una infraestructura solar y eólica que permite ahorrar 52.199 toneladas de combustibles fósiles. Sin embargo, también existe una gran oportunidad para aumentar aún más esta capacidad, reduciendo la dependencia del petróleo importado y preparándose para la futura demanda que se derivará de la expansión económica y de un posible boom manufacturero.

Cuba cuenta con la ventaja de que el gobierno proporcionaría gratuitamente los terrenos para los proyectos solares. Por lo tanto, gastar dinero en recursos, gestión, actualización del viejo sistema de red eléctrica y gasto masivo en granjas solares y energías renovables es una necesidad para asegurar que los largos problemas energéticos de Cuba y los cortes de energía se resuelvan.

El otro reto que hay que abordar es la sanidad. El objetivo principal de abordar los retos sanitarios es aumentar la calidad y el alcance de la asistencia sanitaria. La mejora de la calidad garantizaría que el mantra de "asistencia sanitaria gratuita para todos" se ofrezca con una alta calidad y sea equitativa entre todos los pacientes. Todos los equipos médicos deben funcionar, ser modernos y estar fácilmente disponibles, no sólo en las grandes ciudades como La Habana, Santiago y Camagüey, sino también en las zonas rurales. Es primordial que artículos como guantes, mascarillas y productos de desinfección sean accesibles para los profesionales médicos. En Cuba, los turistas, los ricos, los pobres y los altos funcionarios deben recibir el mismo trato y tener el mismo acceso a los productos farmacéuticos. Debe eliminarse el doble rasero de una mejor atención a los turistas a costa del pueblo cubano. La investigación en el campo médico y farmacéutico debe ser financiada y ampliada y, como el futuro auge de las tecnologías de la información (del que se hablará a continuación) renovaría la infraestructura tecnológica, la telemedicina debería dar servicio a los habitantes de los lugares rurales que no tengan los medios para desplazarse a los Policlínicos u Hospitales. Por último, se debería aumentar el salario medio, las prestaciones y los incentivos del personal médico para incentivar el trabajo de calidad, lo que tendría efectos positivos en sí mismo, eliminando la corrupción y la red clandestina de venta de medicamentos en mercados negros subterráneos. Sin duda, el sistema sanitario canadiense puede ser utilizado como modelo de éxito, ya que gasta una media de 7.068 dólares por persona al año, lo que suma el 11,6% de su PIB (CIHI, 2019), mientras que Cuba gasta 2.475 dólares per cápita en su sistema sanitario, lo que representa el 11,1% de su PIB (OMS, 2016). Como se discutió anteriormente, trabajando bajo el supuesto de que el sector manufacturero recibirá inversiones y mostrará crecimiento, los ingresos de este sector podrían financiar fácilmente la infraestructura médica en Cuba. Además, con un futuro enfoque en la telemedicina, los médicos cubanos pueden ofrecer su experiencia a otras partes del mundo de forma virtual, no solo para añadir valor a nivel global, sino también para ayudar a la economía cubana mientras pueden permanecer cerca de sus familias.

Estas ideas pueden complementar las actuales características positivas del sistema sanitario cubano, asegurando el mantenimiento de la reputación internacional de Cuba en materia de salud.

La tecnología de la información también es una industria que, en mi opinión, podría ofrecer interesantes oportunidades para Cuba, ya que implica una inversión inicial más baja en comparación con otros sectores y existe una reserva de talentos formados listos para realizar sus sueños profesionales. Una industria de 2 billones de dólares en todo el mundo, uno puede mirar a la India para un modelo, ya que su PIB creció más del 7%, generando más de 147 mil millones de dólares en ingresos anuales cuando comenzaron a establecerse como un jugador importante en la tecnología de la información (NASSCOM, 2012). La industria de las tecnologías de la información ha tenido repercusiones positivas en el tejido socioeconómico de la India, ya que ha creado empleo en este ámbito. El empleo en el sector de las telecomunicaciones ha pasado de 284.000 en el año 2000 a 1,63 millones en 2007 (Shalini Jain, 2009). Las tecnologías de la información han ayudado a la India a mejorar su balanza de pagos, ya que el déficit por cuenta corriente se ha contraído del 4,8% en 2013 al 1,1% de su PIB en 2016 (Banerjee, 2017). Además, más de 10 empresas indias de TI cotizan en la bolsa de valores NASDAQ, captando capital propio de inversores de todo el mundo.

Debido a su zona horaria y a la capacidad de proporcionar mano de obra relativamente barata, Cuba está bien posicionada para responder a la demanda de mano de obra de la industria de la tecnología de la información de Estados Unidos. La India es bien conocida por ser un lugar para subcontratar mano de obra, especialmente en la industria de las tecnologías de la información. Sin embargo, las empresas se quejan a menudo de la gestión, la sobrecarga de comunicación y las diferencias de huso horario, que pueden causar dolores de cabeza a la hora de llevar a cabo los ciclos críticos de prueba y lanzamiento de software. Otras quejas de las empresas estadounidenses y canadienses son las diferencias culturales que provocan barreras de comunicación, así como la proximidad física, que dificulta las reuniones en persona.

El capital humano en este campo no sólo es talentoso, sino también muy motivado. El talento cubano en materia de software está desesperado por tener la oportunidad de participar en las tecnologías de vanguardia y formar parte de la tendencia mundial de las tecnologías de la información. Creo que el sector de las tecnologías de la información representa una tremenda oportunidad de ventaja competitiva y un beneficio para los cubanos y las empresas norteamericanas. Para Cuba, el sector tecnológico emplearía a mucha gente, aumentaría la confianza social y daría un ejemplo al pueblo de que el turismo no es la única fuente de ingresos. El sector tecnológico acabaría creando otros puestos de trabajo, como la construcción de nuevos edificios o el tendido de cables de fibra óptica. Por supuesto, también tendría un beneficio neto para los bancos, la alta tecnología y las empresas de TI de Estados Unidos y Canadá. Las empresas norteamericanas podrían ahorrar miles de millones de dólares subcontratando en Cuba, lo que aumentaría sus resultados. El paso a las tecnologías de la información es prometedor, ya que existe el potencial de aumentar el PIB de Cuba en un mínimo del 100%. En lugar de adoptar el enfoque turístico de cobrar a las empresas infinitamente más por un empleado que lo que este cobra, el gobierno tiene la oportunidad de recaudar impuestos de las empresas y los empleados para garantizar los ingresos. El gobierno debería elegir un lugar específico que necesite una expansión económica en Cuba, en lugar de áreas que ya han atraído inversiones. Mi recomendación, en este caso, sería convertir una o todas las siguientes ciudades en el centro informático de Cuba en orden de prioridad: Ciudad de Holguín, Baracoa (en la provincia de Guantánamo), o Bayamo (en la provincia de Granma). Invertir constantemente en la parte occidental del país (como en la Zona Especial de Desarrollo de Mariel, La Habana y Matanzas) y descuidar la parte oriental del país no es una gran estrategia para distribuir la riqueza y diversificar las industrias críticas a nivel nacional.

Dado que el gobierno no tiene experiencia competitiva para dirigir un negocio de tecnologías de la información, no debería ser el que se asocie con empresas de TI extranjeras. En cambio, el gobierno debería alentar a las empresas privadas cubanas a asociarse con las entidades de TI extranjeras. Según un artículo del Miami Herald (Torres, 2017), este proceso ya ha comenzado; es importante que se explore de forma seria y sistemática. De hecho, en diciembre de 2016, Cuba y Google dieron el primer paso al firmar un Memorando de Entendimiento (MOU) para mejorar la conexión a internet en Cuba. La conexión de Cuba a internet es actualmente a través de un cable de fibra óptica hasta Venezuela, lo que provoca retrasos en el intercambio de información, pero Google y Cuba iniciaron la negociación del Acuerdo de Peering para conectar a Cuba directamente con los servidores de Google en el sur de Florida y México (Marsh, Google, Cuba acuerdan trabajar para mejorar la conectividad de la isla, 2019). Este acuerdo es el primer paso vital para asegurar que Cuba esté conectada directamente a los servidores de Google. Es importante que, a medida que Cuba se interconecte con la infraestructura del mundo occidental, creen simultáneamente un clima favorable a la inversión en el que las empresas de TI estadounidenses y canadienses quieran invertir debido a las bajas tasas impositivas, la libre circulación de fondos y la repatriación de su dinero.

Con una orientación estratégica, Cuba puede posicionarse incentivando a los trabajadores a aprender ciertas habilidades, habilidades que están preparadas para crecer en las próximas décadas como la Inteligencia Artificial (IA) y la tecnología blockchain. La Inteligencia Artificial será el área de mayor demanda de la tecnología de la información que renovará todos los aspectos de nuestras vidas. La idea detrás de la IA es una revolución en la ciencia de la computación para permitir que los sistemas informáticos resuelvan problemas imitando la inteligencia humana. En otras palabras, la inteligencia artificial implementa un sistema similar al funcionamiento del cerebro humano imitando un sistema de redes neuronales entrelazadas y jerarquizadas. El sistema de redes neuronales de la Inteligencia Artificial utilizaría una gran cantidad de datos para aprender y optimizar una tarea. Por ejemplo, a un sistema de inteligencia artificial se le pueden dar varias imágenes de un ser humano y el cerebro informático de la inteligencia artificial puede aprender y distinguir entre la imagen de un rostro humano y la de un animal. Una vez que el algoritmo ha sido entrenado para identificar patrones de rostros humanos, puede utilizar sus aprendizajes para crear una nueva imagen de un ser humano que no existe en la realidad. La inteligencia artificial minimizaría el tiempo de toma de decisiones y revolucionaría el futuro al encontrar patrones, recomendando opciones para que los humanos puedan tomar decisiones más inteligentes y rápidas.

Para que Cuba se convierta en el centro de informática e inteligencia artificial de América Latina, debe cumplir unos criterios mínimos específicos. En primer lugar, el gobierno tiene que reconocer la necesidad de infraestructura, incluyendo la infraestructura de conectividad, y la infraestructura energética. También es primordial que el gobierno cubano promueva su sector de la inteligencia artificial como un negocio amigable y una alternativa de bajo costo a India y China. Inicialmente, el gobierno debe facilitar y animar a los gigantes tecnológicos a establecer oficinas en Cuba para contratar a los talentos locales. Cuba aprovecharía esta apertura para comprender las futuras oportunidades y tendencias del mercado internacional de las tecnologías de la información. Las incubadoras de empresas subvencionadas por el gobierno son un potencial punto brillante que podría no solo atraer talento, sino también crear negocios sostenibles para los inversores.

Un centro de informática en América Latina, conocido comúnmente como Chilecon Valley, puede echar una mano a Cuba en su búsqueda por establecerse en el sector de la informática (Thompson, 2015). En 2010, el gobierno chileno lanzó el programa "Start-Up Chile", que proporciona capital inicial libre de impuestos de hasta 50 millones de pesos chilenos (65.000 dólares estadounidenses) para determinadas empresas con productos funcionales, y un visado de un año de duración para poner en marcha una empresa tecnológica en Chile (Chile, 2020). Actualmente, Chile ocupa el primer lugar en América Latina en materia de innovación según el Índice Global de Innovación ((GII), 2019). Cuba puede aprender de las experiencias de Chile en esta área para prepararse para el éxito. Sugiero que Cuba implemente el modelo de Chilecon Valley y ofrezca incentivos a los desarrolladores, pero, lo que es más importante, complemente estos incentivos proporcionando espacio de oficina gratuito y tutoría. Otra oportunidad es que Cuba cree una plataforma de emprendimiento en la que los emprendedores puedan participar, investigar y publicar sus trabajos de investigación, lo que hará avanzar el flujo de conocimiento en materia de inteligencia artificial y tecnologías de la información. Mediante la implementación de las estrategias mencionadas, Cuba podría iniciar su ascenso para convertirse en uno de los principales centros de emprendimiento del mundo, no porque imite los ejemplos de India y China, sino porque ofrecerá un entorno en el que las empresas de nueva creación pueden fracasar rápidamente sin consecuencias financieras sustanciales, y tener éxito posteriormente.

La belleza de ser un país que tiene una ventaja competitiva en materia de inteligencia artificial es que podría añadir valor no sólo aportando divisas a la economía de Cuba, sino estimulando la productividad y el crecimiento económico. Esto incluye áreas de oportunidad como la agricultura, la agrotecnología y la eficiencia energética. La evolución de la tecnología de la información en Cuba podría aumentar el empleo, incrementar la balanza de pagos e incluso ayudar a la Cuba rural con sus retos económicos. La Cuba rural puede ciertamente beneficiarse no sólo en el sector agrotécnico, sino también en la telemedicina, el marketing en línea y la venta y distribución de sus productos por medio de la tecnología de la información.

¿Cómo podría Cuba hacer más eficientes sus procesos agrícolas para aumentar el rendimiento de las explotaciones? La respuesta es, sencillamente, la tecnología. El uso de la tecnología en la agricultura garantiza el aumento del rendimiento al disponer de puntos de datos sobre el estado de la explotación. Los puntos de datos y los sensores tendrían que colocarse estratégicamente en el suelo para medir las condiciones del mismo, el nivel de humedad, la luz y el control del calor, e informar a un sistema central sobre si es necesario el riego. El sistema de riego automatizado entraría entonces en acción y saciaría automáticamente la sed de los cultivos y evitaría que se secaran, minimizando el uso de agua. La recolección robotizada minimizaría los residuos y los daños en los huertos o los cultivos. La belleza de la tecnología y de sistemas como estos es que recogen datos y construyen bases de datos históricas. Al disponer de cantidades masivas de datos, la inversión simultánea y el enfoque en la inteligencia artificial, a la que ya se ha hecho referencia, ayudaría a los agricultores a aprender los patrones del sector agrícola, lo que les permitiría optimizar los procesos. La inteligencia artificial puede ayudar a los agricultores a identificar las enfermedades de los cultivos con sólo pulsar un botón. La IA también puede ser útil en la optimización del uso de fertilizantes y en la identificación de qué condiciones del suelo y del clima aumentarían el rendimiento de un determinado cultivo. Además, este tipo de sistemas pueden ser supervisados por los agricultores desde su celular. Esto permitiría a los agricultores centrar su atención en la toma de decisiones estratégicas para ampliar sus cultivos, en lugar de verse atascados por prácticas ineficientes.

La inversión inicial del gobierno cubano en agrotecnología puede parecer significativa a primera vista. Sin embargo, el valor acumulado futuro de esta inversión inicial sería sin duda mayor. Dado que Cuba planea convertirse en el centro de las startups del mundo, no faltarían las startups de agrotecnología, que ayudarían a Cuba a mejorar y modernizar la agricultura a un menor coste. Al adaptar y modernizar el sector agrícola cubano, Cuba ampliaría su producción ganadera para superar la demanda de consumo interno. Además, Cuba podría optimizar aún más el rendimiento de los cultivos para producir frutas y verduras orgánicas no sólo para el consumo interno, sino para la exportación a los mercados internacionales. El énfasis en la exportación se recomienda sólo para las frutas y verduras y no para el ganado. Con las inversiones iniciales en el sector agrícola, Cuba podría llegar a reducir el gasto anual de 2.000 millones de dólares en importaciones de alimentos.

Al igual que la agricultura, el sector energético puede beneficiarse enormemente de la IA, aprovechándola para optimizar las necesidades energéticas, la reparación de infraestructuras y la distribución. La IA puede ayudar con el mantenimiento predictivo de las granjas solares y los sistemas de turbinas eólicas para minimizar el tiempo de inactividad a la hora de proporcionar energía ininterrumpida a los cubanos y a las futuras empresas.

Ahora bien, toda esta inversión en infraestructuras y la renovación de las diferentes industrias no es posible sin una gestión adecuada, una estructura organizativa eficiente y la eficacia en la asignación de fondos. La estructura organizativa, de gestión y financiera es la base para mantener la calidad de cualquier inversión en el futuro. Además, las inversiones combinadas con la educación, la formación, la comunicación de la nueva visión a la población y la adhesión de todos a la misma son esenciales para el éxito de la reactivación de la economía cubana. Creo que ahora podemos añadir a nuestra declaración de visión otras dos partes esenciales que son: Cuba, el centro tecnológico, y la casa de producción orgánica del mundo, con una planificación precisa y una gestión eficiente.

He añadido la palabra "eficiencia" a la declaración de visión, ya que es un componente esencial para lograr la visión de prosperidad económica en Cuba. Utilicemos un ejemplo cotidiano de nuestra vida diaria.

Si todos nosotros pudiéramos hacer nuestro trabajo de manera más eficiente, de modo que pudiéramos ahorrar una hora cada día, entonces podríamos salir una hora antes del trabajo (suponiendo que esto sea posible). Podemos utilizar esa hora para adelantarnos al tráfico y volver antes a casa, o incluso utilizar esa hora para hacer ejercicio y mejorar nuestra salud o para meditar. Sea cual sea el caso, ahorrar esa hora trabajando de forma eficiente supondría 250 horas en un año (calculadas así: 50 de trabajo semanal y cinco días de trabajo a la semana). Si una organización puede ahorrar eficientemente una hora por persona cada día, ahorraría 250 horas al año. Suponiendo una tasa de empleo media de 50 dólares por hora, entonces la organización ahorrará 12.500 dólares anuales por persona. Aplicando el mismo ejemplo a Cuba, si todos los procesos industriales, las máquinas agrícolas y las bombillas fueran eficientes desde el punto de vista energético, el gobierno cubano podría optimizar la producción de energía con menos consumo de petróleo. El ahorro "poco a poco" se traduciría en más salario en los bolsillos de los cubanos, y más inversiones en los sistemas de salud y educación. La eficiencia a todos los niveles es de suma importancia para lograr la futura prosperidad económica de Cuba.

En resumen, esta es la visión de una nueva hoja de ruta económica para Cuba que aumentaría su PIB, garantizaría una mayor calidad de vida y promovería el futuro crecimiento económico y la libertad de los cubanos:

1. **Fábrica del hemisferio occidental:** Cambio para convertirse en el centro manufacturero del hemisferio occidental al producir bienes a precios más baratos por el menor costo de la mano de obra.
2. **Mejora de las infraestructuras deterioradas:** Utilizar los beneficios de los sectores manufactureros para mejorar las infraestructuras deterioradas, como la energía, las carreteras, los puentes, la agricultura y la sanidad.
3. **Eficiencia y calidad:** Como resultado del gasto en infraestructura y la provisión de incentivos a la mano de obra, los cubanos recibirían una mayor calidad de atención médica, alimentación, educación.
4. **Un cambio hacia la agricultura orgánica y la energía renovable:** La inversión en infraestructura para garantizar la producción

orgánica de alimentos a un menor costo y la exportación al continente americano. También, disminuir la dependencia de las importaciones de energía extranjera y producir electricidad a partir de fuentes renovables.

5. **Tecnología e Inteligencia Artificial:** Fuerte inversión en infraestructura de TI e IA para ofrecer servicios al resto de las Américas al menor costo en el mercado global. El cambio a la Tecnología e Inteligencia Artificial aumentará significativamente el PIB de Cuba.

Las consecuencias de los bloqueos internos y externos no sólo causaron dificultades en la economía sino que, sobre todo, impactaron en la cultura y la dinámica social cubanas. Los problemas económicos pueden desaparecer con una planificación sistemática. Sin embargo, los impactos en la cultura y la estructura sociocultural cubana requerirían sin duda esfuerzos importantes para revertirlos. Las mayores tasas de divorcio en Cuba en comparación con otros países están, hasta cierto punto, correlacionadas con los bloqueos. Esto, a su vez, ha impactado en la estructura de la familia nuclear, que es el pilar fundamental de una sociedad. La mayoría de los matrimonios, ya sean registrados o por derecho consuetudinario, conducen al divorcio porque las parejas jóvenes no pueden mudarse de casa y vivir de forma independiente. Los recién casados a menudo tienen que vivir con sus suegros y pueden tener que compartir la habitación con otros miembros de la familia. Las altas tasas de divorcio en Cuba se deben a la infidelidad, al cambio de los roles tradicionales en el matrimonio, a los hijos de matrimonios anteriores y a la falta de comprensión del propósito del matrimonio. Crecer en un hogar donde los padres están divorciados aumenta las posibilidades de divorcio en el matrimonio también (Sarah W. Whitton, 2018).

Los desafíos económicos en Cuba han creado un falso

sentido de cómo es la realidad en el resto del mundo. Algunas personas piensan que es más fácil ganar dinero en Canadá o en los EE.UU. Aunque esto podría argumentarse como cierto, no consideran que muchas personas están desempleadas en los EE.UU., luchando por mantener sus puestos de trabajo, y los gastos y la deuda financiera son generalmente mucho más altos en América del Norte que en Cuba. Algunos creen que los miembros de su familia que viven en el extranjero podrán permitirse fácilmente enviar dinero a Cuba o comprar paquetes de teléfonos móviles para ellos cada mes. Esta falsa expectativa se combina con su falta de deseo de trabajar en el mercado laboral cubano, pero disfrutan de las remesas que les envían desde el extranjero. Algunos cubanos pueden tener una comprensión inexacta de lo que significa y del esfuerzo que supone para una persona media ganar dinero en los EE.UU. Este falso sentido de las expectativas ha creado una visión estrecha para pensar y actuar localmente debido a las diferentes expectativas. Los problemas económicos en Cuba han condicionado incluso a los mejores a no estar en contacto con la realidad económica a escala global. Como resultado, su visión se ha limitado a resolver sus necesidades de la vida diaria y no han tenido la oportunidad de pensar globalmente mientras actúan localmente. En otras palabras, los bloqueos internos y externos han restringido las interacciones del pueblo cubano de las oportunidades económicas globales, una conexión que es importante para que los cubanos propongan planes y soluciones para abordar las demandas del mañana y una oportunidad para soñar más allá de sus propios barrios.

La visión que he propuesto es esencial para renovar la economía hacia la prosperidad. Sin embargo, hay un punto importante que debe acompañar a esta visión para garantizar que las inversiones en infraestructuras del gobierno conduzcan al éxito y al crecimiento económico. Sin este punto que complemente la visión, el gobierno puede gastar todo lo que quiera en las nuevas infraestructuras, pero no podrá cosechar todos los beneficios de la prosperidad para la gente. Este punto crítico es la educación sociocultural.

Por educación sociocultural me refiero a las cosas esenciales que hay que mejorar, como la aplicación de la ley sin corrupción, el respeto a los derechos de la mujer, el énfasis en los valores familiares y la erradicación del "machismo" y la violencia contra la mujer. Lo más importante de esta educación es evitar que siga desapareciendo y disminuyendo la ética y los valores sociales y, sobre todo, evitar que se difundan valores nocivos como valores éticos. El robo, la mentira, la corrupción y la falta de ética son aceptados por algunos y se les da legitimidad como el derecho a la lucha y la supervivencia y la rebelión contra el gobierno. Es importante que las ideas que se proponen para transformar las normas sociales cubanas permitan abordar cosas como el robo y la desigualdad económica.

Entiendo que este proceso de pensamiento puede, hasta cierto punto, correlacionarse con los problemas económicos. Aun así, la disminución de los valores éticos en una sociedad no es excusa, y por ello la educación social es una necesidad. Por ejemplo, la educación promovería un gasto que priorizara los gastos del hogar y la cobertura de las necesidades básicas de una familia, como la alimentación y el bienestar, antes de gastar dinero en alcohol. Este es el tipo de educación que enseña a no pasar hambre para poder comprar billetes de lotería en lugar de comer. Tal vez se pregunte si los billetes de lotería y los juegos de azar existen en Cuba. La respuesta es sí, pero todo es clandestino, funciona en ciertas casas, y está distribuido por todo el país.

Con las afirmaciones anteriores no pretendo decir que todo el mundo en Cuba necesite una mayor educación en estos temas, pero, basándome en mis observaciones, sin duda hay muchos retos socioculturales que podrían abordarse. Por educación me refiero a la filosofía de la vida, los valores y la responsabilidad de cada persona hacia la sociedad, incluidas las normas, las tradiciones y la ética.

También me refiero a una educación que recuerde a los jóvenes cubanos las razones de las luchas pasadas y muestre una visión optimista del futuro. Educar a la gente en la nueva identidad cultural y ética es importante para la continuidad y es esencial para lograr llenar los vacíos y acelerar el proceso hacia una nueva visión económica. Como dijo José Martí: "*Ser bueno es el único modo de ser dichoso y ser culto es el único modo de ser libre*"

El restablecimiento de la prosperidad, tal y como se expone en este libro, no es posible sin el levantamiento del bloqueo exterior. Como se ha mencionado anteriormente, el bloqueo externo ha perjudicado considerablemente a la economía cubana y ha impedido que el país se integre plenamente con el resto del mundo. Aunque las sanciones externas han creado una Cuba más autosuficiente en los sectores farmacéuticos, el bloqueo sólo ha exacerbado la ineficiente y tumultuosa relación existente entre Cuba y Estados Unidos. La eliminación de las sanciones integrará a Cuba de nuevo en los mercados financieros mundiales, lo que posibilitará un aumento del comercio, concretamente en el sector de las tecnologías de la información. América del Norte se beneficiará de la futura producción de alimentos orgánicos en Cuba a un precio más bajo debido al menor coste de producción y transporte. Y viceversa, a medida que las divisas fluyan hacia el país, los cubanos se irán ganando poco a poco la confianza de los socios internacionales y cambiarán algunas de las políticas ineficientes existentes. Todo lo que se requiere es la voluntad de ambas partes de crear una situación en la que todos salgan ganando, ya que el beneficio colectivo de la cooperación unida sería sin duda más beneficioso que sus ganancias individuales.

Si mañana se levantara todo el bloqueo externo (que, de nuevo, es el embargo), ¿desaparecerían todos los problemas de Cuba? La respuesta a esta pregunta depende de que se aborde a fondo el bloqueo interno. El embargo contra Cuba ha tenido efectos devastadores, pero no es el único factor que impide a Cuba brillar en la escena mundial.

En los últimos años, he tenido el privilegio de poder viajar a Cuba, conocer la cultura, sumergirme y experimentar todo de cerca. Este viaje ha sido una experiencia de aprendizaje personal, que me ha recordado que debo mantener una mente abierta y libre de prejuicios. A lo largo de muchos años de viajes a la isla, he observado muchas cosas grandes y tengo recuerdos que me han llegado al corazón y me han enseñado lecciones inestimables. He visto a un niño de 12 años en Varadero que llevaba su águila todos los días a la playa, cobrando a los turistas 2 dólares por hacerle una foto. Observándolo negociando, corriendo detrás de los turistas, o a veces rechazando la oferta de los turistas porque querían obtener un descuento de él, me hizo admirar a este niño y auto-reflexionar sobre mis miedos también. Opté por convertirme en uno de los clientes del chico, haciéndome una foto con el águila y charlando con él, conociendo un poco su historia. El chico nunca renunció a ganar uno o dos dólares más. No tenía miedo al rechazo. No le dio demasiada importancia. Sólo quería ganar dinero. El día que lo vi, probablemente se llevó unos 80 dólares en efectivo, el doble del salario medio mensual de un trabajador cubano. El chico me dio una lección de superación y perseverancia. Me enseñó que los "no" que oyes en la vida no importan realmente. Lo único que tienes que hacer es centrarte en tus objetivos.

En las fincas cercanas a Buenaventura, en la provincia oriental de Holguín, tuve el privilegio de conocer a una familia de campesinos que trabajaba duro para proporcionar un futuro brillante a su hija Laura. Única hija de la familia, Laura tenía 3 años cuando le diagnosticaron un cáncer de neuroblastoma en fase 4. Este cáncer se extendió rápidamente por todo el cuerpo y los órganos de Laurita. Los médicos habían dicho a sus padres que no había esperanza. Tenían que hacer muchos viajes a la ciudad de Holguín desde su pequeño pueblo, donde no contaban con la infraestructura médica para apoyar y atender los problemas de salud de Laura. A pesar de trabajar duro en el campo plantando frijoles, yuca, mangos, y criando cerdos, ovejas y vacas, los padres de Laura no ganaban lo suficiente para permitirse estos frecuentes viajes a Holguín. Afortunadamente, tenían familia allí.

Durante el calvario de Laura y su lucha contra el cáncer, la granja no daba grandes rendimientos y, por tanto, no había mucho que vender al gobierno, y mucho menos que comer para la familia. Los padres de Laura sólo querían asegurarse de que Laura comiera mejor, con la esperanza de que eso la ayudara en su batalla. Sus padres nunca perdieron la esperanza. Su madre dice que, en un momento de desesperación, rezó a la *Virgen de La Caridad del Cobre* y le pidió que curara a Laura. Al cabo de unos meses, la situación de Laura empezó a mejorar y, a pesar de la incredulidad tanto del equipo médico como de su familia, se recuperó completamente. Hoy en día, en el pueblo natal de Laura, consideran su curación como un milagro. Laura tiene ahora dieciséis años y está terminando la escuela, compartiendo su increíble historia siempre que tiene la oportunidad. Me impresionó la perseverancia de sus padres, que nunca, en condiciones difíciles, perdieron la esperanza.

En toda Cuba se pueden encontrar historias de amor, compasión, perseverancia, sacrificio, lucha y esperanza. El pueblo cubano siempre tiene sus puertas abiertas para los vecinos, dándoles la oportunidad de pasar a saludar, disfrutar de una taza de café cubano y compartir sus historias del día. Los abrazos y los besos se intercambian generosamente entre los vecinos y las familias. Siempre hay risas en esas conversaciones, aunque los tiempos sean difíciles, económicamente hablando. Siempre hay música en el aire, cantos y bailes, y aunque la comida sea limitada, los vecinos y las familias se reúnen y son felices con lo poco que tienen. Los vecinos son como una familia que se ayuda mutuamente. La solidaridad y la unidad entre el pueblo cubano son increíbles, la verdadera definición del ser humano como ser social. Con la constante interacción entre la gente, uno rara vez puede aburrirse o deprimirse. Siempre encuentran formas de ser felices y de ser positivos. ¿Desearían tener más? Por supuesto. Pero la cuestión es que su felicidad viene de dentro. Su felicidad proviene de valorar las cosas de la vida de forma diferente a lo que solemos valorar en Norteamérica. Los cubanos, en general, no dan necesariamente valor al dinero y a los objetos tangibles, sino a la amistad, a los vecinos, a los niños, a las reuniones familiares, a la ayuda a un vecino necesitado o a una simple risa. Son perseverantes y esperan un futuro mejor, y tienen un fuerte deseo de aliviar los muchos retos a los que se enfrentan. Una mentalidad positiva para hacer que el mañana sea mejor que el día de hoy, y un sentimiento cotidiano de gratitud por lo poco que tienen, es lo que les da la felicidad.

Para la mayoría de los cubanos, no hay preocupaciones por el pago de las facturas del carro, o de la hipoteca, o de la matrícula de la universidad para los niños o de las pólizas de seguro por pérdida de la vida, y de la pérdida del trabajo, etc., porque no pueden acceder a estas cosas para empezar. En Cuba, no hay grandes deudas ni tarjetas de crédito, y sus principales gastos son la comida, la electricidad y el teléfono. No hay medios para que la gente se sobrecargue aceptando más deudas, por ejemplo, financiando o alquilando un carro y luego teniendo que trabajar el doble para pagar un vehículo que sólo usan el 30% del tiempo. A diferencia de los norteamericanos, que suelen dedicar sus esfuerzos a financiar bienes depreciables, los cubanos dan prioridad a sus amigos y a su familia.

Los cubanos han aprendido a contentarse con lo que tienen. Ciertamente, no por elección, viven dentro o por debajo de sus posibilidades. Este modo de vida les hace estar más relajados, menos presionados por los plazos. Hay muchas cosas que podemos aprender de Cuba. Sin duda podemos aprender a ser más felices con lo que tenemos y a vivir dentro de nuestras posibilidades. Tenemos que ser más solidarios, porque los seres humanos son criaturas sociales que sobreviven y prosperan juntos dentro de una comunidad, y si damos más, podemos influir positivamente en los demás. Podemos optimizar la cantidad de alimentos que comemos para no tirar comida a la basura mientras los niños de Cuba pasan hambre. Podemos aprender a tener una perspectiva diferente de la vida y no pensar egoístamente que si alguien tiene hambre, es su maldito problema.

También podemos aprender a tener un mejor equilibrio entre vida y trabajo. ¿Queremos vivir para trabajar toda la vida, pagando facturas por cosas innecesarias que apenas usamos? ¿Queremos endeudarnos por los artículos inútiles que compramos para tener que aguantar un trabajo o con un jefe que no nos gusta sólo porque tenemos que pagar las facturas? ¿Queremos perdernos la cena de San Valentín o las reuniones familiares? ¿Preferimos estar casados con nuestro trabajo antes que con nuestra pareja?

Como compartí mis propias experiencias en el capítulo 2, no importa cuánto esfuerzo pongas como empleado para complacer a tu jefe y poder conseguir ese próximo ascenso. Si no pasas tiempo con las personas que quieres, seguramente las echarás de menos cuando ya no estén en tu vida. Sin duda, hay espacio para optimizar nuestro estilo de vida y afinar nuestra mentalidad para valorar y priorizar la familia, la salud y la amistad sobre el trabajo o las cosas materiales.

También podemos aprender de los cubanos a ser más pacientes. Si pasamos por momentos difíciles o nuestros salarios no son lo que esperamos, tenemos que ver el lado positivo de las cosas más importantes de la vida que son valiosas pero no necesariamente tangibles, como la salud y las personas que queremos. En nuestros momentos más duros, tenemos que pensar en la vida en Cuba y en las sonrisas de las personas que tienen un salario mínimo, y la falta de disponibilidad de necesidades, pero el optimismo para el futuro.

Tenemos que pensar en los padres que comen menos y

que incluso pueden irse a dormir con hambre por la noche para que sus hijos puedan comer mejor para poder ir a la escuela.

A nivel nacional, podemos aprender a no gastar el dinero de nuestros contribuyentes en conflictos en todo el mundo. Debemos evitar involucrarnos en conflictos que cuestan a nuestras naciones enormes cantidades de dinero, dinero que de otro modo podría gastarse en educación, sanidad e infraestructuras en casa. Por último, podemos aprender a aplicar la idea de hacer que la educación sea totalmente gratuita para todos los estudiantes universitarios. La educación gratuita evitaría el endeudamiento extremo de un estudiante que ni siquiera ha empezado a ganar un solo centavo con su educación universitaria. Nuestros gobiernos no deberían considerar la educación como un gasto, sino como una inversión, que acaba desembocando en la innovación y en una mejor economía.

Al repasar la historia de Cuba, el pueblo cubano siempre buscó la independencia y quiso determinar su propio futuro. Es un pueblo unido y orgulloso que sueña con dejar un país mejor a sus futuras generaciones. El sueño de tener un país mejor es evidente dada la historia de Cuba y su lucha por la independencia, que continúa hasta hoy. El pueblo cubano exige respeto y no tolera presiones ni injusticias. A pesar de los muchos retos a los que se enfrentan, los cubanos son un pueblo pacífico que no molesta a nadie ni a ningún país. Con el movimiento futuro hacia una economía basada en la tecnología y las TI, se crean oportunidades para que los jóvenes cubanos sueñen y un día realicen sus sueños debido a los cambios en la visión del país.

Mi sugerencia es que, si visitan Cuba y deciden alojarse en un complejo turístico, dediquen tiempo a salir e interactuar con la gente para ver cómo viven. Vayan con la mente abierta, teniendo en cuenta que el país está atravesando tiempos difíciles. Forme amistades duraderas, aprenda de sus experiencias, disfrute de la deliciosa comida y la música, sumérjase en la cultura y, finalmente, reflexione sobre sus propias experiencias. Con este trabajo, espero haberle dado una mejor idea y una visión de la realidad, al menos desde mi perspectiva, al describir Cuba. Considere que mis anécdotas, recuerdos e ideas representan sólo el 20%. El 80% restante de su experiencia lo obtendrá durante su próximo viaje a Cuba. Por favor, tome mi experiencia arriba como sólo una fuente de verdad y perspectiva. "Todos los modelos son erróneos, pero algunos son útiles" (Box, 1976). Nunca es demasiado tarde para un cambio de paradigma. Con estas consideraciones, trabajemos todos juntos para hacer un mundo mejor, más justo y más pacífico para transmitirlo a las generaciones futuras.

ANEXO I: LA SANTERÍA Y LAS RELIGIONES AFRICANAS EN CUBA

Para entender mejor la sociedad cubana, debemos comprender sus fundamentos, incluido el sistema de creencias que tiene la gente. La religión más destacada en Cuba es el catolicismo romano, seguido de otras sectas cristianas como los testigos de Jehová y el protestantismo. Otras son de la tradición de la santería, que tiene muchos seguidores en la isla. Completando, el judaísmo y el islamismo tienen muy pocos seguidores, constituyendo alrededor del 0,1% de la población (Embajada, 2019).

Volviendo a la historia de la esclavitud en Cuba señalada en el capítulo 3, los esclavos africanos que fueron traídos a Cuba llevaron consigo sus costumbres y prácticas religiosas. Los esclavos africanos fueron traídos de regiones específicas de África, incluyendo Benín, Togo y partes de Nigeria, y fueron referidos como el pueblo Yoruba.

Los yorubas fueron vendidos como esclavos y llevados al mundo latino, a países como Cuba, Puerto Rico, Brasil y Haití. Los esclavos trabajaban en condiciones muy duras en los campos de caña de azúcar y recibían un trato inhumano, que incluía muchas formas de violencia, explotación sexual y castigos físicos. Los azotes eran habituales, y las largas jornadas de trabajo (a menudo de 20 horas al día) y las relaciones sexuales forzadas entre hombres y mujeres esclavos sanos con el fin de aumentar su población fueron sin duda algunos de los casos más horribles de abusos de los derechos humanos (Miguel Barnet, 1994).

Durante estos duros tiempos, los esclavos africanos se enfrentaban a inmensas dificultades para practicar su religión, ya que la creencia religiosa yoruba estaba criminalizada. Los esclavos no podían reunirse para practicar su religión libremente. Los españoles acabaron percibiendo las actividades religiosas yorubas, que incluían la danza, el sacrificio de animales, los tambores y la música, como algo malo. Por ello, los propietarios de las plantaciones no permitían la práctica de la religión. En su lugar, los esclavos eran bautizados y obligados a convertirse a la fe de sus amos.

Los esclavos, intentando adaptarse a sus nuevas realidades, se congregaban y realizaban sus propias actividades religiosas, haciéndolas coincidir con las fiestas católicas o el cumpleaños de algún santo. De este modo, se ajustaban a lo que celebraban sus amos y evitaban levantar sospechas. Cuando los esclavos fueron obligados a convertirse al catolicismo, mantuvieron su religión e identificaron similitudes sincretizadas entre su nueva fe (el catolicismo) y su religión ancestral (la yoruba). Estas similitudes se identificaron a menudo entre los Orishas (o Deidades) yorubas y los santos católicos. Por ejemplo, en la religión yoruba, Changó (o Shango), que es el Señor del Fuego, del Trueno y de la Guerra, se sincretiza con Santa Bárbara, una valiente mujer que se mantuvo leal y fiel a su creencia cristiana mientras era torturada y finalmente martirizada por la espada de su padre. Los que creían en Shango y Santa Bárbara celebraban el día del martirio de Santa Bárbara el 4 de diciembre para no levantar sospechas. Los cubanos, que creen en la fe yoruba, suelen tener estatuas de Santa Bárbara y Shango en sus altares, y ofrecen regalos a estas deidades, como miel o flores.

Los rituales yorubas en Cuba suelen tener lugar en casas

de sacerdotes o sacerdotisas. Existe un largo proceso para convertirse en santero o santera, que comienza con la limpieza espiritual, la recepción de un collar y la consulta a los santeros, antes de renacer a la fe yoruba. Los sacerdotes y las sacerdotisas también tienen que demostrar su valía durante un año, cumpliendo una serie de estrictas normas, una de las cuales es vestir sólo con ropa blanca durante un año, incluyendo la ropa interior y los zapatos.

Si alguna vez ha estado en Cuba y ha visto a alguien vestido completamente de blanco con joyas de cuentas, está en su viaje para convertirse en santeros o santeras. Sin embargo, no todos siguen la regla de vestirse de blanco; también verá collares y pulseras de cuentas amarillas y verdes. El amarillo representa a la Virgen de la Caridad de Cobre u Oshun, y la mezcla de amarillo y verde representa a Orúla, el orisha de la sabiduría y la inteligencia.

En definitiva, está claro que la presencia de la religión africana y del pueblo afrocubano en la isla ha contribuido enormemente al tejido social del país. El principal impacto, en mi opinión, aparte de los aspectos religiosos, es sin duda la música y la danza. La música y la danza tradicionales de Cuba tienen profundas raíces en la cultura afrocubana.

AGRADECIMIENTOS

La idea y la decisión de escribir este libro fueron inspiradas por mi padre, quien me sugirió que transfiriera mis conocimientos y experiencias de viaje a Cuba a otras personas. Cuando compartí con mi familia mis experiencias sobre mis viajes a Cuba y describí los "Síntomas" de lo que vi, me animaron a profundizar, a encontrar las causas de fondo y a entender las razones económicas de peso de las deficiencias de los problemas socioeconómicos en Cuba. Sin su apoyo y orientación, este libro no existiría hoy.

La principal herramienta que realmente me ayudó a adquirir una valiosa experiencia e interactuar con la gente en Cuba fue el idioma español que he aprendido a lo largo de los años. La primera motivación para aprender español vino de mi primer viaje a Varadero, donde tuve la oportunidad de observar a mi hermano hablando con los lugareños. Esto me animó a aprender esta hermosa lengua y a relacionarme con todo el que pudiera en la isla. Sin el estímulo de mi hermano para aprender español, y su invitación a acompañarle en su viaje a Cuba, este viaje no habría sido posible.

Mi primer viaje real a Cuba fuera de los límites del complejo turístico es una historia única. Como se menciona en el libro, siempre viajé a Cuba y me quedé en los resorts durante unos 5 a 7 días, y luego regresé a casa sin ninguna exposición a la verdadera Cuba. Mi primer viaje real fuera de los resorts, donde me alojé en ciudades cubanas, ocurrió años después de mi primer viaje descrito en el libro. El motivo fue que un amigo que debía acompañarme en un viaje a Costa Rica, canceló por motivos personales. Decidí cambiar el destino y volar a Holguín en mis primeras vacaciones solo. Al llegar, hice nuevos amigos. Aunque me ahorraré sus nombres por motivos de privacidad, diré que siguen siendo amigos íntimos hasta el día de hoy, y que realmente cambiaron mi perspectiva y mis suposiciones sobre Cuba, mostrándome una visión equilibrada pero justa de la vida en la Cuba real. Sin mis amigos de Holguín, esta experiencia habría sido imposible.

Por último, quiero reconocer a los amigos que he hecho en Cuba, desde Cayo Jutías hasta Mayarí Abajo, y desde Mayarí Arriba hasta Santiago. Por su amabilidad al compartir conmigo las realidades de sus luchas diarias, sus esperanzas y sus sueños, les estaré siempre agradecido.

REFERENCIAS

(GII), G. I. (2019). *Chile ranks 51st among the 129 economies featured in the GII 2019.* New York: INSEAD cornell. Retrieved from GLOBAL INNOVATION INDEX 2019: https://www.wipo.int/edocs/pubdocs/en/wipo_pub_gii_2019/cl.pdf

Act, U. S. (1996). *Cuban Liberty and Democratic Solidarity (Libertad) Act of 1996.* Retrieved from United States - Department of the Treasury: https://www.treasury.gov/resource-center/sanctions/Documents/libertad.pdf

Administration, U. S. (2015). *Cuba Crude Oil Production by Year.* Retrieved from Index Mundi: https://www.indexmundi.com/energy/?country=cu&product=oil&graph=production

Alvarez, O. R. (2019, 03 15). *Cuban Agriculture Still Condemned to a Standstill.* Retrieved from Havana Times (Open-Minded Writing from Cuba): https://havanatimes.org/opinion/cuban-agriculture-still-condemned-to-a-standstill/

Amie M. Gordon, P. (2017, 09 29). *Is Stress Killing Your Relationship? Why You're Not Alone.* Retrieved from Psychology Today: https://www.psychologytoday.com/ca/blog/between-you-and-me/201709/is-stress-killing-your-relationship-why-youre-not-alone

Anne-Marie Hamelin, J.-P. H. (1999). Food Insecurity: Consequences for the Household and Broader Social Implications. *The Journal of Nutrition, Volume 129, Issue 2,*, 525S–528S.

Baker, C. P. (2019, 02 06). *Cuba's Taino People: A flourished culture, believed extinct.* Retrieved from BBC: http://www.bbc.com/travel/story/20190205-cubas-tano-people-a-flourishing-culture-believed-extinct

Banerjee, S. (2017). Analyzing the Balance of payment position of India. *Research Gate*, 36-39.

blogaboutall.ru. (1899). Visitors to the boneyard at Colon Cemetery in Havana Cuba.

Box, G. E. (1976). Science and Statistics. *Journal of the American Statistical Association*, 791-799.

Campo de Huesos, Habana, Cuba. (n.d.). Retrieved from Wikipedia (Wikimedia Commons): https://commons.wikimedia.org/wiki/File:Campo_de_Huesos,_Habana,_Cuba.png#filehistory

Canada - Cuba Relations. (2018, 05). Retrieved from Government of Canada - Embassy of Canada to Cuba: https://www.canadainternational.gc.ca/cuba/bilateral_relations_bilaterales/index.aspx?lang=eng

Capeci, J. (2004). The Complete Idiot's Guide to the Mafia. In J. Capeci, *The Complete Idiot's Guide to the Mafia* (pp. 138-141). Indianapolis, IN: Alpha - A member of Penguin Group (USA) Inc.

Carlos A. Penin and Sergio Alfonso, J. (2009, 11 30). *Transportation Infrastructure in a Free Cuba: How to Meet Demands in a Challenging Economic Environment.* Retrieved from ASCE - Association for the Study of the Cuban Economy: https://www.ascecuba.org/asce_proceedings/transportation-infrastructure-in-a-free-cuba-how-to-meet-demands-in-a-challenging-economic-environment/

Chile, S.-U. (2020). *Start-Up Chile*. Retrieved from Start-Up Chile: https://www.startupchile.org/

CIHI. (2019). *National Health Expenditure Trends 1975 to 2019*. Ottawa: Canadian Institute for Health Information.

Coombs, R. H. (2004). Workaholism. In *Handbook of ADDICTIVE DISORDERS - A Practical Guide to Diagnosis and Treatment* (p. 368). Hoboken NJ: Wiley and Sons Inc.

Cuba: A New History. (2005). In R. Gott, *Cuba: A New History* (pp. 93-96). New Haven and London: Yale Nota Bene - Yale University Press.

DePaulo, B. (2019, 02 03). *Divorce Rates Around the World: A Love Story*. Retrieved from Psychology Today: https://www.psychologytoday.com/ca/blog/living-single/201902/divorce-rates-around-the-world-love-story

Dubois, L. (March 2004). *Avengers of the New World : The Story of the Haitian Revolution*. Cambridge, Massachusetts: Harvard University Press.

Economics, T. (n.d.). *Cuba - Mean Age At First Marriage, Male*. Retrieved from Trading Economics: https://tradingeconomics.com/cuba/mean-age-at-first-marriage-male-wb-data.html

Embassy, U. (2019, 06 21). *2018 Report on International Religious Freedom: Cuba.* Retrieved from U.S Embassy in Cuba: https://cu.usembassy.gov/2018-report-on-international-religious-freedom-cuba/

Feinberg, R. (2016). *Open for Business: Building the New Cuban Economy.* Washington D.C: THE BROOKINGS INSTITUTION.

Foner, P. S. (1963). *History of Cuba and Its Relations with the United States: From the Annexationist to the Second War for Independence 1845-1895.* New York: International Publishers.

Frank, M. (2017, 10 17). *Cuban food output stagnates, may decline in 2017.* Retrieved from Reuters: https://www.reuters.com/article/us-cuba-agriculture/cuban-food-output-stagnates-may-decline-in-2017-idUSKBN1CM1Z5

Frank, M. (2019, 10 09). *Tougher U.S. sanctions make Cuba ever more difficult for Western firms.* Retrieved from Reuters: https://www.reuters.com/article/us-cuba-sanctions-investment-analysis/tougher-u-s-sanctions-make-cuba-ever-more-difficult-for-western-firms-idUSKBN1WO2LP

Gary Clyde Hufbauer, B. K. (2014). Economic Normalization With Cuba: A Roadmap for US Policymakers. In B. K. Gary Clyde Hufbauer, *Economic Normalization With Cuba: A Roadmap for US Policymakers* (pp. 1-11). Washington D.C: Peterson Institute for International Economics.

Gee, K. (2016, 10 12). *America's Dairy Farmers Dump 43 Million Gallons of Excess Milk*. Retrieved from The Wall Street Journal: https://www.wsj.com/articles/americas-dairy-farmers-dump-43-million-gallons-of-excess-milk-1476284353

Gott, R. (2005). *Cuba: A New History* . New Haven, CT: Yale University Press.

Hepatitis may be linked to injections in Cuba. (1991, 06 10). Retrieved from UPI: https://www.upi.com/Archives/1991/06/10/Hepatitis-may-be-linked-to-injections-in-Cuba/9275676526400/

https://imgur.com/. (1900). American soldiers playing around with human skulls in Colon Cemetery in Havana, Cuba.

Independent Statistics and Analysis. (2016, 07). Retrieved from eia - U.S Energy Information Administration:

https://www.eia.gov/international/overview/country/CUB

JOHNSON, T. (2015, 05 19). *Cuba's dairy industry, once touted as a success, is struggling*. Retrieved from MCCLATCHY: https://www.mcclatchydc.com/news/nation-world/world/article24784696.html

Lawrence, C. A. (2015). Sanctuaries, Border Barriers and Population. In C. A. Lawrence, *America's Modern Wars* (p. 109). Havertown, PA: Casemate Publishers.

Mano, A. (2019, 12 10). *UPDATE 1-Brazil's 2019 beef exports hit record thanks to Chinese demand*. Retrieved from CNBC: https://www.cnbc.com/2019/12/10/reuters-america-update-1-brazils-2019-beef-exports-hit-record-thanks-to-chinese-demand.html

Mario Fuentes, S. M. (2019, 09 13). *Cuba takes first step in railways upgrade with Chinese, Russian help*. Retrieved from Reuters: https://www.reuters.com/article/us-cuba-trains/cuba-takes-first-step-in-railways-upgrade-with-chinese-russian-help-idUSKCN1U900D

Marsh, S. (2019, 08 27). *An island without fish? Cuba aims to tackle problem with law overhaul*. Retrieved from Reuters: https://www.reuters.com/article/us-cuba-fishing/anisland-without-fish-cuba-aims-to-tackle-problem-with-law-overhaul-idUSKCN1VH15Y

Marsh, S. (2019, 03 28). *Google, Cuba agree to work toward improving island's connectivity*. Retrieved from Reuters: https://www.reuters.com/article/us-cuba-usa-google/google-cuba-agree-to-work-towards-improving-islands-connectivity-idUSKCN1R91ZP

Maslow, A. H. (1943). A theory of human motivation. *Psychological Review*, 370–396.

Mauricio Augusto Font, A. W. (2006). *The Cuban Republic and Jose Marti.* Lanham, MD: Rowman and Littlefield Publishers.

Medina, M. I. (2013, 01 24). *Is Killing a Cow Worse than Murder?* Retrieved from Translating Cuba - English Translators of Cubans writing from the island: https://translatingcuba.com/is-killing-a-cow-worse-than-murder-miguel-iturria-medina-cuba/

Mendoza, J. (2020, 01 07). *Consumption of chicken meat in Cuba from 2010 to 2019.* Retrieved from Statista: https://www.statista.com/statistics/1008780/cuba-chicken-meat-consumption-volume/

Miguel Barnet, E. M. (1994). *Biography of a Runaway Slave, Revised Edition.* Willimantic, CT: Curbstone Press.

NASSCOM. (2012). *The IT-BPO Sector in India.* New Delhi: NASSCOM.

Nguyen, D. H. (2018, 04 30). *Toxic Chemicals in Solar Panels.* Retrieved from Sciencing: https://sciencing.com/toxic-chemicals-solar-panels-18393.html

NUGENT, C. (2018, 11 30). *How Doctors Became Cuba's Biggest Export.* Retrieved from TIME: https://time.com/5467742/cuba-doctors-export-brazil/

NUGENT, C. (2018, 11 30). *How Doctors Became Cuba's Biggest Export.* Retrieved from Time.com: https://time.com/5467742/cuba-doctors-export-brazil/

Oppmann, P. (2019, 03 27). *Cayo Largo del Sur: Does it have Cuba's best beaches?* Retrieved from CNN Travel: https://www.cnn.com/travel/article/cayo-largo-cuba/index.html

Overused cooking oil may promote cancer progression. (2019, 07 16). Retrieved from IFT Next: https://www.ift.org/iftnext/2019/july/overused-cooking-oil-may-promote-cancer-progression

PADGETT, T. (2019, 06 03). *Cuba Hopes A Catfish Will Solve Its Food Crisis. But Is It Wrecking The Island's Ecosystem?* Retrieved from WLRN: https://www.wlrn.org/post/cuba-hopes-catfish-will-solve-its-food-crisis-it-wrecking-islands-ecosystem#stream/0

Pita GM1, J. S. (2014). Anemia in children under five years old in Eastern Cuba, 2005-2011. *MEDICC Rev*, 16-23.

Press, C. T. (2018, 08 06). *Iberostar raises the bar.* Retrieved from Canadian Travel Press: https://www.travelpress.com/digital_posts/iberostar-raises-the-bar/#.XwacwShKhPZ

Renner, B. (2018, 03 21). *American Families Spend Just 37 Minutes Of Quality Time Together Per Day, Survey Finds.* Retrieved from Study Finds Research, in a nutshell: https://www.studyfinds.org/american-families-spend-37-minutes-quality-time/

Rodriguez Garcia, M., Van Voss, L. H., & Van Nederveen Meerkerk, E. (2017). Selling Sex in the City: A Global History of Prostitution, 1600s-2000s. In M. Rodriguez Garcia, L. H. Van Voss, & E. Van Nederveen Meerkerk, *Selling Sex in the City: A Global History of Prostitution, 1600s-2000s* (pp. 436-439). Boston: Brill.

Rosen, H. R. (2016, 09 19). *"Hep C, where art thou": What are the remaining (fundable) questions in hepatitis C virus research?* Retrieved from AASLD - HEPATOLOGY: https://aasldpubs.onlinelibrary.wiley.com/doi/full/10.1002/hep.28848

Sarah Marsh, M. F. (2019, 06 04). *Trump administration ban on cruises to Cuba creates chaos for U.S. travelers.* Retrieved from Reuters: https://www.reuters.com/article/us-cuba-usa/trump-administration-ban-on-cruises-to-cuba-creates-chaos-for-u-s-travelers-idUSKCN1T520P

Sarah W. Whitton, G. K. (2018). Effects of Parental Divorce on Marital Commitment and Confidence. *Journal of Family Psychology*, 789-793.

Schneider, E. A. (2018). *The Ocupation of Havana - War, Trade, and Slavery in the Atlantic World.* Williamsburg, Virginia and Chapel Hill, NC: Omohundro Institute of Early American History and Culture and University of North Carolina Press.

Sergio Díaz-Briquets, J. P.-L. (2006). Corruption in Socialist Cuba. In J. P.-L. Sergio Díaz-Briquets, *Corruption in Cuba: Castro and Beyond* (p. 136). Austin, TX: University of Texas Press.

Shalini Jain, D. R. (2009). IMPACT OF IT INDUSTRY ON THE INDIAN ECONOMY. *THE AWARD FOR Ph.D. DEGREE IN COMMERCE & BUSINESS ADMINISTRATION*. MEERUT, India: shodhganga - CHAUDHARY CHARAN SINGH UNIVERSITY.

Strauss, M. J. (2009). Annual Rent Payments. In M. J. Strauss, *The Leasing of Guantanamo Bay* (pp. 126-132). Westport, CT: Praeger Security International.

Stritof, S. (2019, 01 12). *Estimated Median Age of First Marriage by Gender: 1890 to 2018*. Retrieved from The Spruce: https://www.thespruce.com/estimated-median-age-marriage-2303878

Ted A. Henken, M. C. (2013). *Latin America Focus - Cuba.* Santa Barbara, California: ABC-CLIO, LLC.

Thompson, C. (2015, 05 07). *Three growing start-up cities in South America.* Retrieved from CNBC: https://www.cnbc.com/2015/05/07/three-growing-start-up-cities-in-south-america.html

Torres, N. G. (2017, 03 02). *Cuba has 'largest pool of untapped IT talent in the Americas'*. Retrieved from Miami Herald: https://www.miamiherald.com/news/nation-world/world/americas/cuba/article135249259.html

Vermeer, D. (2017, 08 30). *partnering for cuba's energy transition.* Retrieved from Duke University - Fuqua school of Business: https://centers.fuqua.duke.edu/edge/2017/08/30/partnering-cubas-energy-transition/

Vroom, V. H. (1964). *Work and motivation.* New York: Wiley.

WHO. (2016). *World Health Organization.* Retrieved from UN - WHO: https://www.who.int/countries/cub/en/

Wicary, S. (2019, 04 30). *Sherritt CEO Undaunted by Trump's Tightening of Embargo on Cuba.* Retrieved from Bloomberg: https://www.bloomberg.com/news/articles/2019-04-30/sherritt-ceo-undaunted-by-trump-s-tightening-of-embargo-on-cuba

ÍNDICE

ACERCA DEL AUTOR

Araz Jahani es un líder tecnológico en el campo de la consultoría de gestión de software con años de experiencia en IA, telecomunicaciones, energía y banca. Tiene un MBA ejecutivo de la Rotman School of Management de la Universidad de Toronto, así como una licenciatura y un máster en Ingeniería Informática de la Universidad de Ottawa y la Universidad de Guelph, respectivamente, habiendo publicado múltiples artículos en conferencias en este campo.

Jahani es un ávido viajero. En los últimos diez años, ha visitado más de 21 países para conocer diferentes culturas, experimentar diferentes cocinas y comprender los problemas económicos subyacentes que dan forma a cada destino. Es un defensor del trabajo a distancia como forma de explorar diferentes culturas al tiempo que se mantienen unos ingresos estables.

Desde su primer viaje en 2004, Jahani ha visitado Cuba en numerosas ocasiones, adquiriendo un profundo conocimiento de la dinámica social, cultural y económica cubana. Sin embargo, su interés va más allá de la economía. Le gusta la comida cubana, y su lista de favoritos incluye los *plátanos maduros fritos*, el congrí y la *Ropa Vieja*. Cuando está en La Habana, disfruta de su café de la tarde en la Plaza San Francisco o en la Plaza Vieja, y de su carrera matutina por el Malecón. Cuando está en Holguín, se reúne con amigos en el Parque Calixto García. También se le puede encontrar disfrutando de una bebida refrescante en las playas de Guardalavaca o Cayo Guillermo.

www.ingramcontent.com/pod-product-compliance
Lightning Source LLC
La Vergne TN
LVHW010107170826
845678LV00012B/2278